ALTE UND UNREITBARE PFERDE

ALTE UND UNREITBARE PFERDE

RICHTIG PFLEGEN, ERNÄHREN UND BESCHÄFTIGEN

von Heike Groß

Copyright © 1998 by Cadmos Verlag GmbH, Lüneburg
Gestaltung: Ravenstein Brain Pool, Völkersen
Titelfoto: Struewer
Druck: Westermann Druck Zwickau
Alle Rechte vorbehalten
Abdrucke und Speicherung in elektronischen Medien
nur nach schriftlicher Erlaubnis durch den Verlag.
Printed in Germany

ISBN 3-86127-504-X

INHALT

Für meinen Stephan

EINLEITUNG

Wie soll ein Pferdebesitzer reagieren, wenn sein bisher reitbares Pferd durch eine tierärztliche Diagnose als „nicht mehr reitbar" bezeichnet oder einfach nur den gewünschten Anforderungen nicht mehr gerecht wird?

Für viele endet hier die Beziehung zu ihrem Pferd, da es für sie keinen Nutzen mehr bringt und nur Kosten verursacht. Denn was soll man mit dem alten oder kranken Pferd anfangen, wenn es turniermäßig keine Erfolge mehr zeigt und für Ausritte in bisher gewohnten Ausmaßen nicht mehr taugt? Aus einer Stute könnte noch ein Fohlen gezogen werden, aber ein Wallach...!

Nun kommt der Punkt, an dem sich herausstellt, ob das Pferd nur als sportlicher Gegenstand oder als echter Partner gesehen wurde. Kosten, Mühe, Arbeit und dann keinen Nutzen mehr? Nein danke! Wenn das die Einstellung des Pferdebesitzers zu seinem Reitpferd ist, wird sicherlich eine recht schnelle Trennung von dem unbrauchbar gewordenen Pferd in Erwägung gezogen.

So ist das eben in unserer Wegwerfgesellschaft: Was nichts mehr nutzt und keinen Marktwert mehr hat, weg damit.

Wer aber in seinem ehemaligen Reitpferd einen geliebten Partner sieht, wird alles Erdenkliche unternehmen und versuchen, diese nun folgende, vielleicht reitlose Zeit so schön wie möglich für beide Seiten zu gestalten. Das Pferd wird diesen Zustand des „Nichtgerittenwerdens" nach einer gewissen Umgewöhnungsphase als angenehm empfinden, wenn sein Besitzer sich ausreichend in anderer Weise um es kümmert und ihm eine artgerechte Haltung in Gesellschaft mit anderen Pferden zukommen läßt.

Das unreitbare oder alt werdende Pferd zu behalten bedeutet mehr Arbeit, mehr Pflegeaufwand und vor allem mehr Kosten, die Gegenleistung dafür ist uneingeschränkte Treue, Dankbarkeit und Anhänglichkeit des Pferdepartners bis zu seinem Ende.

Ein Pferd auf einem sogenannten Gnaden- oder Pferdealtenhof unterzubringen, ist nicht immer als die geeignetste Lösung zu betrachten.

Oft wird damit nur das eigene Gewissen beruhigt. Pferde, die lange Zeit in ein und demselben Stall gelebt haben, empfinden eine Umstellung in einen anderen Stall als psychisch sehr belastend. Alles bisher Vertraute und Gewohnte, die Bezugspersonen und Stallgenossen, der Tagesablauf, wird völlig anders.

Besonders für ein altes Pferd bedeutet das eine schwer zu verkraftende Änderung in seinem Lebensrhythmus. Zu den fremden Menschen in dem neuen Stall muß es erst wieder Vertrauen fassen, was ihm, je nach seinen Lebenserfahrungen, nicht immer leichtfallen wird.

Der Umzug auf einen Gnadenhof ist nur dann in Erwägung zu ziehen, wenn das Pferd dort bessere Lebensbedingungen für diesen Lebensabschnitt findet und alle Grundvoraussetzungen für ein pferdegerechtes Leben gegeben sind.

Die idealen Bedingungen der Unterbringung für Pferde, die nicht mehr im Sport eingesetzt werden, wären:

Wer zu seinem Pferd eine liebevolle Beziehung hat, wird es im Alter bestmöglich versorgt wissen und nur eine optimale und artgerechte Unterkunft in Betracht ziehen. Dieser 20 jährige Holländer hat einen guten Arbeitsplatz bekommen.
Foto: Angelika Schmelzer

chen Lebensabend. Voraussetzung für ein unbeschwertes Dasein ist ein erträglicher, schmerzfreier Gesundheitszustand. Pferde, die dauerhaft an unheilbaren, schmerzhaften Leiden erkrankt sind und bei denen keine Aussicht auf Linderung besteht, sollten auf eine faire Art von ihrem Leiden erlöst werden (nie Schlachttransport!). Ließe man diese Pferde mit ihren Schmerzen weiterhin am Leben, wäre das nicht mehr tiergerecht, sondern reiner Egoismus.

Aber warum sind so viele Pferde bereits in „jüngeren" Jahren unreitbar? Ihre natürliche Lebenserwartung liegt im Normalfall zwischen 30 und 40 Jahren, je nach Rasse, Ponys sind gegenüber den „hochgezüchteten" Warmblutrassen etwas langlebiger. Die Hauptursache liegt wohl in der zu starken Belastung und Ausbildung im „Kindesalter", also noch bevor das Pferd drei Jahre alt wird.

Da sind die Knochen und Gelenke einfach für eine intensive Trainingsarbeit noch nicht ausgebildet und kräftig genug. Aber das wird nicht berücksichtigt, hier zählt nur der materielle Gewinn: Je früher ein Pferd viel lernt und auf Turnieren bzw. Materialprüfungen Erfolg hat, desto höher wird der Verkaufspreis ausfallen. Helfen würde hier schon eine Änderung der Turnierbestimmungen in bezug auf das Einstiegsalter der Pferde in den Turniersport, aber dagegen werden sich die Zuchtverbände schon zu wehren wissen.

Gut dagegen haben es die Pferdeteenies, die privat großgezogen werden und mit Behutsamkeit und Verantwortungsbewußtsein entsprechend ihrem Alter eingeritten und ausgebildet wer-

· wenig Veränderungen in seinem bisher gewohnten Leben
· dieselben Bezugspersonen und Stallgefährten
· eine artgerechte und für das Alter bedarfsgemäße Haltungsweise
· ausreichend leistungs- und altersgerechte Beschäftigung
· intensive Pflege und Betreuung durch vertraute Menschen

Woher nimmt sich der Mensch bloß das Recht, einfach über Leben und Tod wie über Nutzen und Unbrauchbarkeit zu entscheiden?

Das Pferd, welches dem Menschen ein Leben lang gedient hat, hat auch in diesem unreitbaren, „nutzlosen" Zustand ein Recht auf einen glückli-

den. So sind die besten Voraussetzungen für ein Erreichen eines hohen Pferdealters geschaffen. In der Pferdeliteratur gibt es wahre Geschichten von Pferden, die im Alter zwischen 30 und 40 Jahren ihre vollen Arbeiten ohne Einschränkungen verrichteten.

Aber auch in der Aufzucht der Jungpferde werden viele im späteren Leben nicht wieder gutzumachende Fehler verursacht. Die einen meinen es zu gut und stopfen alles in die Jungpferde hinein, mästen sie dermaßen, daß Knochen, Muskeln, Sehnen und Bänder mit diesem forcierten Wachstum nicht mithalten können. Übergewicht, kombiniert mit Überbelastung, wirkt sich fatal auf die Gelenke junger Pferde aus. Dieses Mästen der im Wachstum befindlichen Pferde, zusätzlich verbunden mit gravierendem Bewegungsdefizit, verkürzt die Lebenserwartung erheblich.

Die andere Seite, eine Unterversorgung mit Nährstoffen, Vitaminen und Mineralien, verursacht ebenso nicht wiedergutzumachende Schäden im Wachstum und Knochenaufbau eines Jungpferdes.

Kalziummangel ist verantwortlich für eine instabile, brüchige Knochensubstanz und führt zu verfrühtem Verschleiß an den Gelenken.

Stundenlanges Boxenstehen mit kurzfristigem, sehr heftigem Auslauf fördert die Überbelastung und -strapazierung der unterversorgten Knochen,

Bänder und Sehnen zusätzlich. Würden bedarfsgerechter Fütterung, artgerechten Aufzuchtbedingungen und mäßigem, sinnvollem Einreiten mehr Aufmerksamkeit geschenkt, stiege die durchschnittliche Lebenserwartung der Pferde mit großer Wahrscheinlichkeit rapide an. Nun gibt es aber erfreulicherweise immer wieder Pferde, die trotz ihrer lebenslangen „reiterlichen Nutzung" schon ein recht beachtliches Alter erreicht haben. Damit es diesen Pferden auch weiterhin gutgeht und sie möglichst lange gesund und fit bleiben, möchte dieses Buch mit Tips und Ratschlägen rund um den Pferderentner Orientierung und Praxishilfe bieten.

Zudem gibt es leider sehr viele Pferde, die bereits in jungen Jahren durch Unfall, Verletzung oder angeborene Fehlbildungen nicht als Reitpferd eingesetzt werden können. Wie sinnvoll und abwechslungsreich der Besitzer sich auch mit einem unreitbaren Pferd beschäftigen kann, zeigt dieses Buch in zahlreichen Anregungen und Beispielen.

Der sich immer stärker entwickelnde positive Trend zur artgerechten Haltung und partnerschaftlichen Beziehung zum Pferd weist den Weg in die richtige Richtung, Pferde bis ins hohe Alter gesund und vital zu erhalten. Ein langes Leben für Ihr Pferd!

Heike Groß

DIE LEBENSERWARTUNG EINES PFERDES

„Das Pferd wird wohl alt, aber es wird nicht wieder zum Fohlen"

Die Lebenserwartung eines Pferdes ist von vielen Faktoren abhängig:

Ausmaß der Belastung in jungen Jahren

Verwendungszweck
- Reitpferd / Turnierpferd / Rennpferd
- Zuchtstute / -hengst
- reines Freizeitpferd

Lebens- und Haltungsbedingungen
- reine Boxenhaltung
- Boxenhaltung mit viel Auslauf
- Offenstallhaltung

Fütterung
- optimale Versorgung mit Nähr- und Vitaminstoffen
- unzureichende / mangelhafte Versorgung mit Nähr- und Vitaminstoffen

Psychisches Wohlbefinden
- artgerechte Haltung mit Kontakt zu Artgenossen
- pferdegerechter Umgang beim Reiten
- Verständnis des Menschen in bezug auf das Pferdeverhalten

Rasse
- Warmblut
- Vollblut
- Pony

Von diesen Faktoren hängen der Erhalt der Körperfunktionen und die Häufigkeit von Erkrankungen des Knochenapparates im Laufe eines Pferdelebens ab. Obwohl die Hochleistungssportpferde mit den besten Futter- und Pflegeverhältnissen versorgt werden, ist ihre enorme und nicht artgerechte Beanspruchung für einen vorzeitigen Verschleiß verantwortlich, man denke dabei nur an die zweijährigen Vollblüter auf der Rennbahn.

Dagegen kann auch ein Freizeitpferd, welches unter mangelhaften Futterbedingungen aufgewachsen und gehalten wurde, ebenfalls frühzeitig an Knochenerkrankungen leiden.

Es gibt also keineswegs eine feste Norm für die Lebenserwartung eines Pferdes. Generell kann also nicht behauptet werden, daß Sportpferde eine niedrigere Lebenserwartung haben im Vergleich zu Freizeitpferden.

Die bekanntesten Beispiele sind die berühmten Springpferde „Halla" unter Hans Günther Winkler und „Meteor" („der Dicke") von Fritz Thiedemann. „Halla" wurde im Mai 1945 geboren und erreichte das für Pferde methusalemische Alter von 34 Jahren, ehe sie Ende Mai 1979 starb. „Meteor", geboren 1943, ging mit 18 Jahren noch das Hamburger Springderby und starb 1966 im Alter von 23 Jahren.

Und nicht zu vergessen „Rembrandt" von Nicole Uphoff, der im Alter von sechzehn Jahren noch schwierigste Dressurlektionen mit Leichtigkeit auf dem Parcours absolvierte.

Dagegen gehen viele nicht artgerecht gehaltene und vor allem anatomisch falsch gerittene Freizeitpferde mit vierzehn oder noch weniger Jahren wegen Unbrauchbarkeit als Reitpferd zum Metzger.

Reine Boxenhaltung schadet dem Pferd im Laufe seines Lebens mehr als ein wohldosiertes und regelmäßiges

Arbeitstraining. Erfahrungsgemäß haben Robustpferderassen im allgemeinen eine höhere Lebenserwartung als ihre Artgenossen in reiner Stallhaltung.

Die Annahme, daß Pferde in der heutigen Zeit im Durchschnitt ein höheres Alter erreichen, läßt sich nicht belegen. Vor noch nicht allzu langer Zeit wurden die Pferde fast ausschließlich als Nutz- und Arbeitstiere gebraucht, es gab nur wenige reiche Leute, die sich ein Pferd als Freizeitvergnügen leisten konnten. Der Bauer hielt ein Pferd nur so lange im Stall, wie es mit seiner Leistung und Arbeitskraft Geld einbrachte. Kranke oder nicht mehr leistungsfähige Tiere wurden geschlachtet, Gnadenbrotpferde konnte sich kaum jemand leisten.

Daher sind ältere Angaben über die Lebenserwartung von Pferden aus medizinischer Sicht falsch.

Die Pferde konnten ihr von Natur aus bestimmtes Alter meist nicht erreichen, sie wurden vorzeitig wegen Unbrauchbarkeit und nicht wegen Altersschwäche getötet.

Heute ist durch das Freizeitreiten und die partnerschaftliche Beziehung des Menschen zum Pferd ein Umfeld entstanden, in dem Pferde trotz wirtschaftlicher Unbrauchbarkeit gehalten werden und so ein höheres Alter erreichen können.

Eines ist jedenfalls ganz eindeutig bewiesen: Je gesünder und artgerechter das Leben eines Pferdes verlaufen ist, desto größer sind seine Chancen, ein hohes Alter zu erreichen.

Leider erreicht nur ein geringer Prozentsatz der Reitpferde ein „hohes" Alter, zwischen 60 und 75 Prozent gehen wegen Erkrankungen am Bewegungsapparat vorzeitig zum Schlachter. Laut Fachleuten könnten Großpferde bis zu 40 Jahre und Ponys sogar bis zu 50 Jahre alt werden.

Daß dieses Alter nicht erreicht wird, liegt oft an dem viel zu frühen Einreiten ab zweieinhalb Jahren und der überzogenen Leistungsanforderung in den Wachstumsjahren. Züchter und Ausbilder werden zu dieser Überforderung der Remonten gezwungen, da die Anforderungen in den sogenannten Materialprüfungen entsprechend hoch angegeben sind. Hier wäre der erste Schritt notwendig, um den Pferden ein längeres und gesundes Leben zukommen zu lassen:

Das Eintrittsalter in den Turniersport müßte heraufgesetzt und die Leistungsanforderungen in den Prüfungen herabgesetzt werden.

Eine gewisse Richtlinie im Pferdealter gibt diese Einteilung:

Warmblüter	Ponys	
10 - 15 Jahre	12 - 18 Jahre	mittleres Pferdealter
15 - 20 Jahre	18 - 25 Jahre	alterndes Pferdealter
20 - 25 Jahre	25 - 30 Jahre	hohes Pferdealter
ab 25 Jahre	ab 30 Jahre	sehr hohes Pferdealter

Eine sorgfältige Aufzucht, verbunden mit einem schonenden Anreiten sind wichtige Voraussetzungen, daß Pferde lange Jahre gesund bleiben und im hohen Alter noch leichte Reitarbeit verrichten können. Mit 17 Jahren ist diese Vollblutstute dank guter Pflege noch recht leistungsfähig. Foto: Angelika Schmelzer

für die Langlebigkeit und Gesunderhaltung eines Pferdes.

Auch die mitgebrachten Eigenschaften eines Pferdes bestimmen über seinen Gesundheitszustand; dazu gehören erblich bedingte körperliche Veranlagungen.

Die genetisch bedingte Konstitution von Muskeln, Sehnen und Bändern spielt eine große Rolle für die Einsatzfähigkeit im Laufe des Lebens.

Ein Beispiel für schlechte Veranlagungen zeigen Mischlingspferde mit kräftigem, schwerem Körper auf zierlichen Gliedmaßen und Hufen.

Sie werden trotz noch so guter Pflege und Fütterung früher oder später in ihrem Dasein als Reitpferd an Krankheiten und Beschwerden im Bereich der Gelenke leiden, da diese auf lange Sicht keine ausreichende Belastbarkeit für den massiven Körper bieten.

Hat das Pferd von Geburt an ein gesundes Leben geführt, wurde spät und in vernünftigem Maße eingeritten, bekam es immer gutes Futter, erhielt regelmäßig Wurmkuren und Impfungen und hatte ausreichend Auslauf auf Weiden, so sind die besten Voraussetzungen für ein gesundes Pferdeleben und das Erreichen eines hohen Pferdealters gegeben.

Für den Züchter würde dies jedoch bedeuten, daß er seine jungen Pferde ein weiteres Jahr bis zum Verkauf behalten müßte.

Die dabei entstehenden Kosten wären mit dem zu erwartenden Kauferlös nicht zu decken. Auch hier wird deutlich: Geld spielt eine große Rolle

CHRONISCHE ERKRANKUNGEN

Häufig leiden Pferde aufgrund jahrelanger falscher Haltung (z. B. reiner Boxenhaltung) und unsachgemäßer Pflege an chronischen Erkrankungen. Diese treten hauptsächlich im Bereich der Atemwege (chronischer Husten) und an Gelenken und Muskeln (Arthrose und Rheuma) auf.

Die Arthritis ist ein akuter Entzündungszustand, der zur Arthrose, einer chronischen Gelenkentzündung, führen kann.

Liegen chronische Erkrankungen vor, können alternative Behandlungsmethoden und homöopathische Heilmittel unter fachlicher Anwendung als hilfreiche und sinnvolle Unterstützung zur Linderung des Krankheitsbildes angewendet werden.

Doch sei kritisch angemerkt, daß auch sie keine Wunder vollbringen können.

Ihr großer Vorteil liegt in der langfristigen Verabreichung, ohne schädliche Nebenwirkungen bei Leber und Nieren zu bewirken.

Gerade für den älteren Organismus ist die Belastung mit starken Medikamenten (u. a. Cortison) auf Dauer sehr gefährlich, Leberfunktionsstörungen bis hin zum Nierenversagen können die Folgen sein.

Neben der Verabreichung homöopathischer Heilmittel sind äußerliche Anwendungen in Form von Einreibungen mit Beinwell- und Campheressenzen sowie Umschläge mit Heilerde oder Symphytum (Beinwell) bei Arthrose sehr hilfreich.

Regelmäßiger, mehrstündiger Auslauf und sinnvoll dosierte Reitarbeit halten den Bewegungsapparat fit und geschmeidig, das Fortschreiten einer Arthrose kann so vielleicht ein wenig aufgehalten werden.

Liegen eindeutige Arthrosebefunde vor, sind Über- und Fehlbelastungen tunlichst zu vermeiden, um eine Verschlimmerung zu verhindern.

Eine weitere chronische Erkrankung ist die periodische Augenentzündung, sie ist unheilbar und gehört zu den Hauptgewährsmängeln. Sie führt im Endstadium des Krankheitsverlaufes zur Erblindung des Pferdes.

Eine chronische Sehnen- und Bänderschwäche kann ebenfalls die dauernde Unbrauchbarkeit als Reitpferd zur Folge haben.

Chronischer Husten und Dämpfigkeit

Ein Leben in stickigen, staubigen und ammoniakhaltigen Stallungen ohne täglichen, mehrstündigen Auslauf an der frischen Luft sind häufigste Ursache für chronische Atemwegserkrankungen. Staubiges, schimmeliges Heu und Stroh mit hohem Anteil an Pilzsporen erschweren den Pferden zusätzlich das Atmen, führen zu Hustenreiz und Verschleimung der Luftwege.

Eine akute, fiebrige, entzündete Atemwegserkrankung ist das Vorstadium eines chronischen Leidens, wenn sie zu spät und nicht lang genug therapiert wurde. Die Atemorgane erleiden durch diese ungesunden Bedingungen irreparable Schäden, die eine chronische Bronchitis und Dämpfigkeit zur Folge haben.

Chronische Krankheitsabläufe sind Ursache für eine dauernde Leistungsminderung, im schlimmsten Fall für eine Unbrauchbarkeit als Reitpferd.

Anzeichen einer Atemwegserkrankung sind:
· vermehrtes Husten bei körperlicher Anstrengung
· Hustenanfälle in staubiger Umgebung
· stärkere Atmung auch im Ruhezustand
· Schwitzen schon bei geringer Belastung
· verminderte Leistungsfähigkeit
· weißer oder gelblicher Nasenausfluß

Hingegen können auch allergische Reaktionen und Überempfindlichkeit auf bestimmte Umwelteinflüsse auf Dauer chronische Atemwegserkrankungen hervorrufen. Die durch Krankheit angegriffenen und geschwächten Luftwege werden durch die negative Beeinflussung zunehmend funktionsunfähig und anfällig. Bereiche der Lunge werden so stark geschädigt, daß eine vollständig intakte Atmung nicht mehr möglich ist. Solche bereits eingetretenen Schäden sind nie wieder zu beseitigen!

Vorbeugen ist besser als heilen

Täglich viele Stunden Bewegung und Auslauf an frischer Luft und ein gesundes Stallklima sind die wichtigsten Voraussetzungen, um chronische Erkrankungen zu vermeiden, außerdem eine bedarfsgerechte Kraftfutterration mit entsprechenden Mineralien und Vitaminen angereichert.

Ein für das Pferd anatomisch verträgliches Reittraining ist ebenfalls eine vorbeugende Maßnahme zum Schutz vor chronischen Erkrankungen am Bewegungsapparat.

Treten Beschwerden an den Atemwegen auf, müssen diese sofort durch den Tierarzt diagnostiziert und behandelt werden.

Sind allergische Atemwegserkrankungen vorhanden, müssen alle die Allergie verursachenden Umstände möglichst beseitigt oder zumindest stark verringert werden.

So können bei Pferden mit Heuallergie Heucobfütterung oder ein Anfeuchten des Futterheus zu Erleichterungen führen.

Ein weiterer Schutz vor Atemwegserkrankungen bieten regelmäßige Impfungen gegen Viruserkrankungen.

Welche alternativen Heilmethoden bringen Linderung?

In den vergangenen Jahren konnten neben der Schulmedizin die Homöopathie und die unterschiedlichsten alternativen Heilverfahren große Erfolge in der Pferdeheilkunde erwirken. Sie haben sich nicht nur bei schon vorhandenen Krankheitsbefunden als sehr positiv erwiesen, sie sollten ebenso als Gesundheitsvorbeugung in der Pferdehaltung gesehen werden.

Als alternative Heilmethoden besonders geeignet sind bei chronisch kranken oder älteren Pferden die Akupunktur, die Magnetfeld- und Lasertherapie und natürlich die Massage.

Die Akupunktur ist eine aus China stammende Behandlungsmethode, die

völlig ohne Medikamente angewendet wird. Sterile Nadeln werden dabei in ganz bestimmte Stellen am Pferdekörper gesteckt und erzeugen dort eine physiologische Reaktion im Gewebe, welche den Selbstheilungsprozeß anregen soll. Bei folgenden Erkrankungen erzielt die Akupunktur besonders gute Erfolge:
· Rückenschmerzen, -verspannungen
· Gelenkentzündungen
· Sehnen- und Bänderschwächen
· chronischem Husten (Bronchitis)
· altersbedingten, chronischen Leiden

Die Anwendung ist in der Regel gefahrlos, sofern das Pferd bei der Therapie stillsteht und sich das Setzen der Nadeln ohne Probleme gefallen läßt. Daher sollte die Ausführung einer Akupunkturbehandlung nur einem erfahrenen „Pferdeakupunkteur" vorbehalten sein, denn er weiß aufgrund seiner Berufspraxis, wo genau die richtigen Punkte am Pferdekörper zum Setzen der Nadeln liegen.

Die Magnetfeldtherapie nimmt Einfluß auf die Blut- und Zellflüssigkeitszirkulation im Organismus. Sie bewirkt eine vermehrte Sauer- und Nährstoffaufnahme im Organismus, was sich gerade bei älteren Pferden positiv auf die Lebenserwartung auswirken kann.

Knochenleiden werden mittels der Magnetfeldtherapie mit Erfolg behandelt, da sie die Neubildung von Kalzium anregt und somit die Heilung von Knochenverletzungen fördert.

Chronische Erkrankungen sollten zweimal wöchentlich behandelt werden, akute Beeinträchtigungen des Bewegungsapparates dagegen täglich. Nachstehende Bereiche sind ebenfalls

gut mit der Magnetfeldtherapie zu behandeln:
· Arthritis, chronische Arthrose
· Spat
· Muskelverspannungen, Muskelaufbau
· Wundbehandlung

Eine genauso häufig erfolgreich eingesetzte Heilmethode ist die Lasertherapie. Ihr größtes Einsatzgebiet ist die sofortige Wundbehandlung nach einer Verletzung, dadurch verkürzt sich der Heilungsprozeß, die Bildung von wildem Fleisch und häßlichen Narben verringert sich.

Sie darf jedoch in solch einem Fall nur unterstützend angewendet werden, die Versorgung einer Verletzung durch einen Tierarzt muß trotzdem erfolgen.

Das Laserlicht regt den körpereigenen Heilungsprozeß und den Stoffwechsel an, so daß sich neues, gesundes Gewebe schneller bilden kann. Allerdings sollte es aus medizinischen Gründen nicht in Verbindung mit Cortison angewendet werden. Die Lasertherapie hilft bei:
· Sehnenproblemen
· Verletzungen, offenen Wunden
· Medikamentengabe als unterstützende Wirkung
· der Anregung von Gewebeneubildung

Mittlerweile bieten Hersteller Magnetfeld- und Lasertherapiegeräte für den privaten Gebrauch an. Der Pferdehalter kann sie entweder für mindestens drei Monate mieten oder kaufen.
Die Preise liegen beim Mieten je nach Leistung der Geräte zwischen 200,- und 600,- DM, und der Kaufpreis fängt bei 5.000,- DM an.

Für chronisch kranke Pferde bietet diese Möglichkeit der Selbstanwendung durch den Pferdebesitzer sicherlich einen großen Nutzen für die Linderung ihres Leidens.

Massageanwendungen können vom Pferdebesitzer nach einer fachlichen Einweisung selber regelmäßig ausgeführt werden.

Sie dienen der Entspannung bei verkrampfter Muskulatur; der Kreislauf wird dabei angeregt, verhärtetes Gewebe erhält seine Geschmeidigkeit zurück, und die gesamte Vitalität des Pferdes wird gefördert.

Selbst leichte Schmerzen können mittels einer Massage gelindert werden, da durch das Massieren an den geschädigten Stellen sogenannte körpereigene Endorphine freigesetzt werden. Eine für jedermann leicht zu erlernende Massagetechnik ist der Tellington-Touch, eine von Linda Tellington Jones entwickelte Methode (TTEAM, The Tellington Jones Equine Awareness Method). Speziell zu diesem Thema erschienene Lernvideos und Bücher machen es dem Pferdehalter einfach, die vielfältigen Massagegriffe an seinem Pferd anzuwenden. Die Pferde genießen diese Behandlungen sehr und sind physisch wie psychisch nach dem Massieren entspannt.

Mit dieser Massage können alle Problembereiche des Pferdekörpers behandelt und verbessert werden, und sie fördert zudem die mentale Verbundenheit zwischen Pferd und Besitzer.

NATÜRLICHE ALTERSKENNZEICHEN

„Ein gutes Pferd wird nie zur Mähre"

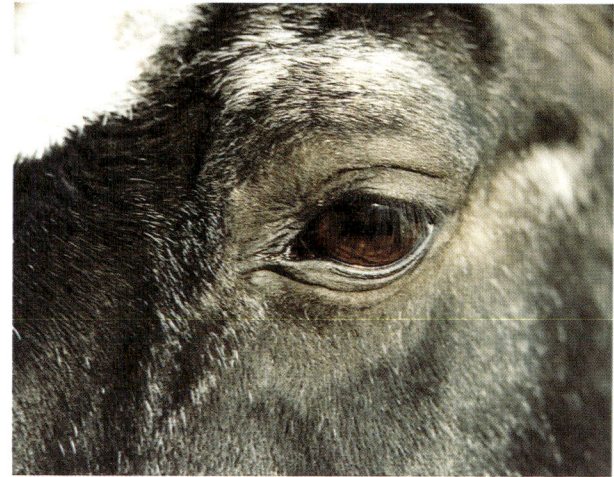

Ein Pferd ist nicht von heute auf morgen ein „altes" Pferd. Der Alterungsprozeß setzt langsam ein, und es obliegt dem Pferdebesitzer, die Anzeichen zu erkennen und verantwortungsbewußt damit umzugehen.

Unaufhaltsam altern die Pferde jeden Tag ein wenig mehr, und die altersbedingten körperlichen Veränderungen werden immer deutlicher sichtbar.

Der Organismus ist im abbauenden Stadium, der gesamte Stoffwechsel muß härter und intensiver arbeiten, damit der Kreislauf intakt und erhalten bleibt.

Trotzdem ist es möglich, daß ältere Pferde noch einiges leisten können, wenn die Lebensbedingungen ihren Bedürfnissen angepaßt werden.

Ab wann ist ein Pferd alt?

Das Alter ist kein Zustand, der von einem auf den anderen Tag eintritt, sondern ein sich über Jahre hinweg vollziehender Prozeß.

Je nach Beanspruchung sind Pferde mit achtzehn Jahren verbrauchter und wirken älter als Pferde mit fünfundzwanzig Jahren.

Fohlen, bei denen am Aufzuchtfutter in bezug auf Menge, Mineralien und Vitaminen gespart wurde, haben eher frühzeitige Alterserscheinungen aufzuweisen als sorgfältig und verantwor-

tungsbewußt großgezogene Fohlen. Pferde, die viel leisten mußten, dabei schlecht gefüttert und nicht artgerecht gehalten wurden, sind gesundheitlich früher verschlissen.

Pferde dagegen, die als Freizeitpartner unter artgerechten Lebensbedingungen gut gepflegt ihr Leben verbracht haben, können in allen Bereichen im Alter noch recht fit sein.

Äußere Merkmale, die auf ein entsprechend hohes Alter schließen lassen, werden trotz bester Pflege nicht zu verhindern sein:

Diva ist eine 25 Jahre alte Hessenstute, deren weiße Stichelhaare in ihrem Gesicht deutliche Hinweise auf ihr hohes Pferdealter geben. Foto: Heike Groß

Diese 28 Jahre alte Dänische Warmblutstute zeigt den typischen Alterssenkrücken, und an den Vorderbeinen ist eine extreme Vorbiegigkeit sichtbar.
Foto: Heike Groß

· tiefe Kuhlen über den Augen
· vermehrt graues Stichelhaar am Kopf
· Abnutzung der Zähne
· Beginn einer Senkrückenbildung
· Entstehung einer Vorbiegigkeit an den Vorderbeinen
· Fellwechselprobleme, extrem langes Winterfell mit Grannenhaaren

Vorgänge im Inneren des alternden Pferdeorganismus:
· Nachlassen der Sehkraft
· Verlust der Elastizität bei Sehnen und Bändern
· Schwächung des Binde- und Muskelgewebes
· Knorpelrückbildung an den Gelenken
· Eintretende Arthritis und Arthrosen
· Nachlassen der Resorptionsfähigkeit des Darms
· Abbau des Kalziumanteils in den Knochen
· Nachlassen des Stoffwechselkreislaufes
· Herzkreislaufprobleme
· Nachlassen der Leber- und Nierenfunktion
· kontinuierliches Nachlassen der Leistungsfähigkeit

Die Gesichtszüge geben durch ständig tiefer werdende Kuhlen über den Augen und neu hinzukommendes weißes Stichelhaar an Stirn, Augen und, wenn vorhanden, seitlich der Blesse, die ersten Hinweise auf ein betagtes Pferdealter. Die Zähne nutzen sich vermehrt ab, die Zahnwurzeln verlieren an Halt und lockern sich, was zu Fehlstellungen im Gebiß führen kann (siehe Kapitel „Zahnveränderungen", S. 195).

Die gesamte Muskulatur wird im Laufe der Zeit schwächer, und das Pferd wirkt optisch eingefallen, trotz gelegentlicher Arbeitsanforderung, leichter Trainingsarbeit und regelmäßiger Bewegung. Das Bindegewebe verliert seine Festigkeit und läßt so den Eindruck eines Hängebauches entstehen. Diese beiden Komponenten zusammen gesehen ergeben oft das Bild eines abgemagerten, knochigen Pferdes.

Es ist nicht immer gleich ein Hinweis auf einen schlechten Gesundheitszustand des Tieres, hat allerdings schon so manchen Tierschützer erwogen, gegen den Pferdebesitzer vorzugehen.

Daß so aussehende Pferderentner aber putzmunter sein können und sich ihres Lebens erfreuen, ist nicht immer gleich äußerlich ersichtlich, aber am Verhalten des Pferdes gut zu erkennen.

Zur Erhaltung der Festigkeit des Bindegewebes kann regelmäßig das homöopathische Mittel Silicea (Kieselgur) ins Futter gegeben werden.

Die Anwendungsdauer und Dosierung sollte mit einem erfahrenen Tierheilpraktiker festgelegt werden. Außerdem kräftigt, wie beim Menschen eben auch, ständige Bewegung und Gymnastizierung die Gewebestruktur und wirkt dem weiteren Abbau von Muskelmasse vor.

Abnutzungserscheinungen an den Gelenkknorpeln führen zu Arthrose- und Arthritisbeschwerden. Diese Knochenveränderungen können erhebliche Schmerzen, verbunden mit Bewegungseinschränkungen, verursachen. Ältere Pferde brauchen eine gewisse Zeit, um sich „einzulaufen", wenn sie nach einer Ruhephase bewegt werden. Anfängliche Steifheit oder Lahmheit beim Gehen verschwindet meist nach 10 bis 15 Minuten leichter Schrittarbeit.

Je nach Schwere einer vorliegenden Erkrankung und Aussicht auf Heilung oder Linderung sollte überlegt werden, den Pferdegreis von seinen Schmerzen zu erlösen.

Liegen krankhafte Befunde in diesen Bereichen vor, dürfen Reitarbeit und Geländeritte nur noch bedingt ausgeführt werden, um eine Verschlimmerung des Zustandes zu vermeiden. Regelmäßige Bewegung und Auslauf sind in diesen Fällen unbedingt zu gewähren, um den Bewegungsapparat in Gang und geschmeidig zu halten.

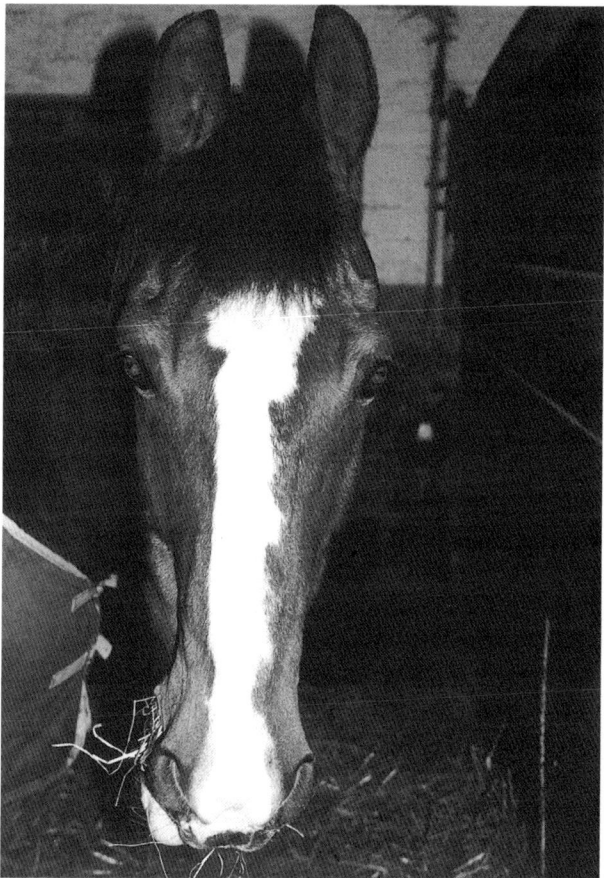

Hinweise auf arthrotische Veränderungen geben Schwellungen und harte Verdickungen an den Gelenken. Pferderentner mit Sehnen- oder Bänderschwächen müssen ebenfalls beim Reiten geschont werden, der Heilungsprozeß bei Zerrungen in diesen Bereichen kann bei älteren Pferden recht lange andauern, je nach Schwere der Verletzung sogar bis zu einem Jahr. Geritten werden dürfen sie in dieser Zeit nicht, aber täglicher, nicht belastender Auslauf ist für die Gesundung absolut notwendig. Dabei ist auf die Eignung der Weiden für beinkranke Pferderentner sehr zu achten: Zu vermeiden sind steile Weiden, tiefer und matschiger Auslauf oder sumpfige Wiesen. Auf solch

Mounty, ein 27 Jahre alter Warmblutwallach, leidet an altersbedingter Arthrose und steht fast nur noch in der Box. Kleine Spaziergänge gehören zu den einzigen Aktivitäten, die er täglich absolviert und die ihn fit halten. Foto: Heike Groß

Dieses arme Pferd ist vor Schmerzen so abgemagert, daß hier der Tod die einzige tiergerechte Lösung ist. Die Schmerzen in den Hufen durch Hufbeinsenkung und Huflederhautentzündung konnten trotz intensiver Behandlung nicht gelindert werden, das Laufen wurde für dieses Tier zur Qual.
Foto: Heike Groß

ungeeignetem Gelände kann es zu Überbelastungen und somit weiterer Verschlechterung des Gesundheitszustandes des Bewegungsapparates kommen.

Wie auch beim Menschen tritt beim Pferd mit zunehmendem Alter eine Trübung der Linsen ein (grauer Star) und/oder eine allgemeine Sehschwäche beginnt. Inwieweit sich eine Operation bei Linsentrübung durch Entfernen der Linse als positiv erweist, ist genauestens mit dem Tierarzt oder der Pferdeklinik abzuklären. In erster Linie ist von Bedeutung, ob eine Operation dem Pferdegreis noch zugemutet werden kann.

Homöopathische Mittel können den weiteren Verlauf einer Sehschwäche etwas eindämmen. Bleibt das alte Pferd in seiner vertrauten und gewohnten Umgebung, kann ihm eine Erblindung, sei sie ein- oder beidseitig, bei guter Betreuung und absoluter Rücksichtnahme aller Beteiligten (Stallpersonal, Weidegenossen) zugemutet werden.

Da sich eine Erblindung meist allmählich vollzieht, kann sich das Pferd an diese neue Lebenssituation gewöhnen. Alle Bedürfnisse in bezug auf Umgang, Haltung, Weidegang mit Artgenossen sind dieser Erkrankung anzupassen. Ob mit einem blinden Pferd der Ritt ins Gelände gewagt werden sollte, ist von dem Vertrauensverhältnis zwischen Mensch und Pferd und den örtlichen Gegebenheiten abhängig.

Bleibt der Ritt nur in ländlicher und waldreicher Gegend, ist nichts dagegen einzuwenden. Jedoch sollten verkehrsreiche Straßen natürlich unbedingt gemieden werden.

Das Kneippsche Wassertreten findet nicht nur bei den Menschen eine sinnvolle Anwendung, auch Pferde mit Gelenkproblemen können von diesem natürlichen Heilmittel profitieren. Im Winter sollte diese Kneipkur allerdings nicht angewendet werden. Foto: Angelika Schmelzer

VERSCHLEISS-ERKRANKUNGEN AM BEWEGUNGSAPPARAT

„Ein altes Pferd braucht Ruh und gutes Futter noch dazu"

Bei übermäßiger und falscher Reitweise treten bei Pferden typische Verschleiß- und Abnutzungserscheinungen an Knochen und Gelenken auf. Hohe Leistungsbeanspruchung und / oder ungünstige Haltungsbedingungen in jungen Jahren lassen diese Beschwerden schon im frühen Alter in stärkerer Form aufkommen.

Eine Heilung bei einmal vorhandenem Gelenkverschleiß ist nicht zu erwarten.

In günstigen Fällen können durch entsprechende medikamentöse Behandlung, sorgsame Pflege und gesunde Haltungsart der Fortschritt dieser Verschleißerscheinungen etwas eingedämmt und die Beschwerden gelindert

werden. Es sollte aber selbstverständlich sein, daß, wenn die anfangs leichten Beschwerden in ständige Schmerzen übergehen und das Pferd sehr darunter leidet, das Tier von diesen Schmerzen durch den Tod erlöst werden muß.

Ließe der Besitzer es weiterhin mit diesen starken Schmerzen leben, kann nicht mehr von Tierliebe, sondern nur noch von Egoismus gesprochen werden. Das Pferd ist ein Bewegungs- und Fluchttier, daher gehört ein schmerzfreies Laufen unverzichtbar zu seinem Wohlbefinden. Bei der Verabreichung schmerzstillender Medikamente an ältere Pferde ist stets zu bedenken, daß diese auf Dauer Schädigungen an Leber und Nieren in beachtlichem Maße verursachen, die dann später nicht mehr heilbar sind und große organische Störungen hervorrufen können.

Zu den typischen Verschleißerscheinungen gehören unter anderem die Hufknorpelverknöcherung, Arthrose, Hufrollenentzündung, Sehnenverletzungen und Spat.

Hufknorpelverknöcherung

Bei der Hufknorpelverknöcherung wandelt sich die Knorpelmasse links und rechts vom Hufbein im fortschreitenden Alter des Pferdes langsam in ein festes Knochengebilde um, es entsteht eine sogenannte Verknöcherung des Hufknorpels.

Vollzieht sich dieser Prozeß langsam (dies ist abhängig von Beanspruchung und Haltungsart), sind selten Beschwerden zu erwarten.

Tritt die Verknöcherung jedoch in relativ kurzem Zeitraum ein, kann es zu starken Lahmheitserscheinungen kommen.

Eine genaue Diagnose und Behandlungsmaßnahmen (eventuell operative Entfernung der Verknöcherung) sind nach Anfertigung von Röntgenbildern mit dem Tierarzt zu besprechen.

Faktoren wie Übergewicht des Pferdes und häufiges Reiten auf hartem Boden können zu einer beschleunigten Hufknorpelverknöcherung führen.

Arthrose

Die Arthrose ist eine chronische Schädigung des Gelenkknorpels, die im zunehmenden Alter durch Abnutzung und / oder Fehlstellungen am Knochengerüst der Beine eintritt. Bereits in jüngeren Jahren können Pferde durch unsachgemäße Haltung und schlechte Reitweise an Arthrose erkranken.

Überanstrengungen bei der Reitarbeit oder falsche Trainingsarbeit sind ebenfalls ein wesentlicher Grund, der zur Arthrose an den Gelenken führt. Anzeichen einer Arthrose sind Knochenbildungen an den Kanten der Gelenke, wo der Knorpel bereits verschwunden ist. Dort entstehen dann Knochengebilde aus Kalziumablagerungen. Diese Knochenneubildungen werden in der Medizin als Osteophyten bezeichnet. Schmerzen, verbunden mit deutlicher Lahmheit treten auf, wenn die Osteophyten Druck auf andere Knochen, Sehnen, Nerven und Bänder ausüben oder Reibungen an diesen Stellen verursachen.

Inwieweit eine operative Entfernung sinnvoll und erfolgversprechend ist, bleibt dahingestellt. In solchen Fällen sind erst einmal Röntgenbilder anzufertigen und ein vertrauter Tierarzt ist zu Rate zu ziehen.

Besonders älteren Pferden sollte dieser Eingriff erspart bleiben.

Auf jeden Fall muß sich der Pferdebesitzer darüber im klaren sein, daß dieser Eingriff unter Vollnarkose speziell für den alternden Organismus sehr belastend ist. Mit erneutem Wachstum dieser Knochenwucherungen nach einer Operation ist auch ganz sicher zu rechnen.

Hufrolle, Hufrollenentzündung

Hufrolle ist eine zusammenfassende Bezeichnung für Erkrankungen am Strahlbein, die nicht nur bei alten, sondern auch schon bei jüngeren Pferden recht häufig auftritt.

Sie ist Folge falscher Beanspruchung bei der Reitarbeit oder erblicher Veranlagung. Die Diagnose Hufrollenentzündung bedeutet für viele Reitpferde eine erhebliche Einschränkung oder sogar das Ende des Gerittenwerdens.

Die Hauptfunktion des Strahlbeins besteht darin, den Winkel der Beugesehne in der Bewegung gleichbleibend zu halten.

Die Hufrollenentzündung ist ebenfalls eine arthrotische Knochenveränderung, die auf der Oberfläche des Strahlbeins entsteht. Im Anfangsstadium ereignen sich Knorpel- und Sehnenschäden, im fortgeschrittenen Stadium bilden sich dann die Osteophyten, die sich schädigend auf die Beugesehne auswirken.

Ursachen sind u. a. in folgenden Merkmalen zu sehen: jahrelange zu steile Stellung des Fesselgelenks, veranlagungsbedingte zu kurze Beugesehnen, zu kurze oder zu lange Trachten (Folge Zwanghuf!), viel Arbeit auf hartem Boden, kleine zierliche Hufe im Verhältnis zu einem großen, schweren Körper.

Viel Bewegung und durchblutungsfördernde Mittel sollen helfen, die Beugesehne reichhaltig mit Nährstoffen zu versorgen, um eine weiter fortschreitende Zerfaserung etwas aufzuhalten. Eine Überprüfung der Hufstellung ist ebenfalls eine wichtige Behandlungsmaßnahme. Liegen erblich veranlagte Gründe (kleine Hufe, schwerer Körper) für diesen Befund vor, wird der Erkrankungsverlauf kaum aufzuhalten sein. Die so häufig verordneten Spezialbeschläge haben nicht immer nur positive Auswirkungen zur Folge, sondern bringen eine große Beeinträchtigung im gesamten Hufmechanismus mit sich.

Es ist daher gut zu überlegen, ob ein Pferd, welches nicht mehr oder selten geritten wird, mit der Belastung eines Hufbeschlages konfrontiert werden sollte, oder ob es nicht möglich ist, eine Stellungsänderung der Gliedmaßen mittels eines orthopädischen Hufbeschnitts zu ermöglichen.

Sehnenverletzungen

Die Sehnen der Pferde verlieren im Laufe der Jahre an Elastizität und sind daher bei starker Beanspruchung oder Überlastung anfällig für Zerrungen bis hin zum Sehnenanriß oder sogar Sehnenabriß.

Reiten in sehr tiefem Boden, Übergewicht des Pferdes, falsche Huf- und Gliedmaßenstellung und stark belastendes Reittraining über viele Jahre hinweg können Ursachen für solche Sehnenschäden sein.

Da besonders ältere Pferde etwas ungelenker und steifer in ihren Bewegungen werden, ist die Gefahr des Ausrutschens auf ungünstigen Bodenverhältnissen vermehrt gegeben und kann schwere Zerrungen hervorrufen.

Je nach Intensität der Sehnenentzündung kann eine Heilung bis zu einem Jahr andauern. An der zerfaserten Stelle der Sehne bildet sich ein Narbengewebe.

Erst wenn dieses mit der Faserung der Sehne verbunden ist, ist der Heilungsprozeß abgeschlossen. Ohne Tierarzt darf so eine Verletzung nie behandelt werden, da unbedingt entzündungshemmende und schmerzstillende Medikamente verabreicht werden müssen. Regelmäßiges Kühlen und spezielle vom Tierarzt verordnete Einreibungen unterstützen den langwierigen Heilungsprozeß.

Es gibt leider auch sehr schwerwiegende Sehnenverletzungen, die ein Reiten des Pferdes unmöglich machen.

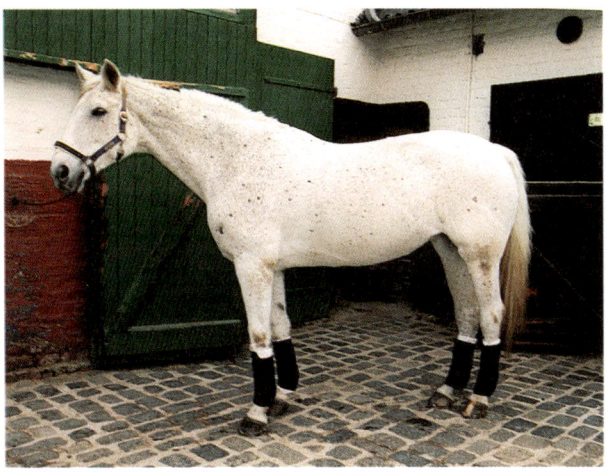

Spat

Spat ist ebenfalls eine Gelenkarthrose, die sich im Bereich des Sprunggelenks bildet. Es sind zwei Prozesse, die fast gleichzeitig ablaufen.

Zum einen wird Gelenkknorpel zerstört, wobei sich darunter direkt wieder neues Gewebe bildet.

Ursache für diese Vorgänge ist eine Entzündung der kleinen Tarsalgelenke im Sprunggelenk. Dabei kommt es zu Wucherungen, die innerhalb der einzelnen Gelenkverbindungen im Sprunggelenk Druck erzeugen und damit Schmerzen verursachen.

Pferde, die in ihren jungen Jahren intensiv zum Springsport genutzt wurden, werden im Alter oft von dieser Krankheit befallen.

Heilbar ist hier nichts mehr, es ist aber abzuwarten, ob nach einer gewissen Zeit der Knochenneubildung und der damit verbundenen Gelenkversteifung die Schmerzen vergehen. Während dieser Zeit soll der Patient viel bewegt werden, und damit die Leiden erträglich bleiben, können schmerzstillende Medikamente verabreicht werden. Hier ist jedoch, entsprechend dem Alter des Pferdes, mit negativen Auswirkungen auf Leber und Nieren zu rechnen und die Medikamente sind daher wohldosiert und nur für einen begrenzten Zeitraum anzuwenden. In jüngerem Pferdealter und bei rechtzeitiger Diagnose kann die Spatentwicklung nach tierärztlicher Behandlung zum Stoppen gebracht werden. Inwieweit dann der Einsatz als Reitpferd wieder möglich wird, ist vom Grad der Verknöcherung abhängig. Je älter ein Pferd wird, desto deutlicher reagiert es auf die jeweiligen vorhandenen Wetterverhältnisse.

Bei feuchten und naßkalten Witterungsbedingungen können Beschwerden im Bewegungsapparat wesentlich heftiger auftreten als bei mildem und trockenem Wetter.

Pferderentner mit rheumatischen Erkrankungen empfinden in der kalten Jahreszeit wärmende Wollbandagen und Einreibungen mit Franzbranntwein als angenehm und wohltuend.

REITEN UND BESCHÄFTIGEN ALTER PFERDE

„Mit einem alten Pferd kommt man auch ins Dorf"

In der Natur spielt das Altwerden eines Pferdes keine besondere Rolle, es gehört so selbstverständlich zum Leben wie Geburt, Erwachsenwerden und Tod. Solange das Pferd körperlich in der Lage ist, zusammen mit der Herde umherzuwandern, zu grasen und bei Gefahr zu fliehen, ist es voll in dem Herdenverband integriert und wird von allen anderen Herdenmitgliedern akzeptiert. Erst wenn es durch natürlich eintretende Alterserscheinungen, dazu gehören Abmagern durch schlechte Zähne, unzureichende Verdauung, Verringerung der gesamten

Stoffwechselfunktionen und Lahmheit durch Knochenverschleiß, mit dem Herdenverband nicht mehr mithalten kann, bleibt es zurück und wird sterben.

Ein natürlicher Weg zum Sterben wird den Pferden, die in menschlicher Obhut leben, nur in den wenigsten Fällen ermöglicht. In unserer Wegwerfgesellschaft hat das Pferd oft keine andere Bedeutung als viele andere Dinge auch, für die das Motto gilt: Was nichts mehr nutzt und nur Kosten und Arbeit verursacht, ist unwirtschaftlich und muß weg. Natürlich denkt nicht jeder Pferdebesitzer so, Gott sei Dank, aber leider kommt es noch viel zu häufig vor.

In freier Wildbahn lebende Pferde bleiben bis kurz vor ihrem Tod in allen Lebensbereichen voll aktiv, es tritt kein „Rentenalter" ein; sie erfüllen ihre Daseinsaufgaben, solange sie körperlich in der Lage dazu sind, bis zu ihrem Ende.

Pilonen bestehen aus einem festen, dennoch für Pferdezähne gut griffigen Material, daß selbst bei rauhen Pferdespielereien eine lange Haltbarkeit hat. Pferde beschäftigen sich häufig auch alleine mit sochen Gegenständen, wenn sie ihnen angeboten werden.
Foto:
Angelika Schmelzer

Spaziergänge mit dem unreitbaren Pferdepartner gehören zu der schönsten Beschäftigungsmöglichkeit. Mensch und Pferd erleben stets neue Ereignisse, die das Vertrauensverhältnis stärken und die Beziehung festigen.
Foto:
Angelika Schmelzer

Schonen oder gar Abschieben auf einen Gnadenhof ist kein artgerechter Lebensabend. Das Pferd möchte weiterhin seine Aufgaben und Leistungen erbringen, in dem Maße, wie es ihm körperlich möglich ist. Ein altes Pferd darf, soll und will weiterhin kleinere Arbeiten verrichten. Es spürt sehr genau, wenn es nicht mehr die ganze Aufmerksamkeit seines Besitzers bekommt, wenn vielleicht schon ein jüngeres, reitbares Pferd da ist, mit dem sich der Besitzer nun mehr beschäftigt.

Es wird zwar gut versorgt und gefüttert, aber das ist nicht alles, was ein altes Pferd braucht.

Die Liebe, Zuneigung und Beschäftigung durch den Besitzer darf im Pferdealter nicht geringer werden! Neben einer guten Fütterung und einer artgerechten Haltung spielt die seelische Zufriedenheit des Pferderentners eine große Rolle für sein Wohlbefinden.

Eine Einschränkung der Nutzbarkeit seines Reitpferdes ist dem Besitzer jedoch meist nicht willkommen, er will ein voll funktionsfähiges Reitpferd, mit dem er weiterhin Turniere, Jagden etc. unternehmen kann.

Liegen schwerwiegende, unheilbare organische Erkrankungen vor oder sind Knochen und Gelenke durch jahrelanges, überstrapazierendes Reiten verschlissen und das Laufen nur noch unter Schmerzen möglich, ist ein fair gewählter Tod für das Pferd die gerechtere Lösung.

Dieses kranke Pferd würde einen Umzug auf einen Gnadenhof, herausgerissen aus seiner alten, vertrauten Umgebung, weg von seinen alten Pferdekameraden nur als zusätzliches psychisches Leiden empfinden.

In Menschenhand dagegen wird irgendwann der Zeitpunkt festgesetzt, an dem das Pferd nur noch unzureichend belastbar ist und dem gewünschten Nutzen nicht mehr gerecht wird. Zwangsweise werden ihm seine bisherigen Aufgaben entzogen und es wird zum „Rentner" erklärt.

Sicher ist es von dem Pferdebesitzer ein in erster Linie gut gemeinter Gedanke, wenn er seinem Pferd die „wohlverdiente Ruhe" gönnen will.

Aber ist es auch im Sinne des Pferdes? Rücksichtnahme auf den körperlichen Gesundheitszustand in bezug auf die Reitansprüche sollte selbstverständlich sein, aber ein übermäßiges

Wie bereits erwähnt, ist die Unterbringung eines Pferdeveteranen auf einem Gnadenhof sehr kritisch zu betrachten. Was sich zuerst angenehm positiv und pferdefreundlich anhört, bringt bei genauerer Betrachtung u. U. recht viele Nachteile für das Pferd mit sich. Sicherlich hört es sich besser an, wenn man sagen kann: „Mein altes Pferd genießt seinen Lebensabend auf einem Gnadenhof", als wenn zugegeben werden muß, daß es wegen Unbrauchbarkeit zum Schlachter gekommen ist. Oder oft wird nur das eigene Gewissen beruhigt und die Entscheidung über Leben oder Tod erst einmal mit dem Abschieben auf einen Gnadenhof vertagt.

Der Pferderentner fühlt sich am wohlsten, wenn er täglich einige für ihn geeignete Aufgaben übernehmen kann. Aber welche Aktivitäten können mit einem älteren, vielleicht nicht mehr ganz gesunden Pferd noch unternommen werden? Da bieten sich bei genauerem Überlegen eine ganze Menge Möglichkeiten an:

· Spazierengehen
· Mitnehmen als Handpferd
· Einsatz im Gelände als Begleitpferd für Jungpferde
· Einsatz als Lehrpferd für junge oder unerfahrene Reitschüler
· Bodenarbeit an der Hand im Trailparcours
· Kutschfahrten
· Beibringen kleiner Kunststücke
· Trailreiten (Disziplin aus dem Westernreitsport)

Voraussetzung für diese Beschäftigung ist selbstverständlich, daß der Pferdegreis gesundheitlich dazu in der Lage ist, diese Anforderungen ohne Schwierigkeiten auszuführen. Höchst-

leistungen dürfen ihm natürlich nicht mehr abgefordert werden, aber wer sein Pferd gut kennt, weiß, was und wieviel er ihm zumuten kann. Anhand seines Verhaltens kann der Besitzer erkennen und bestimmen, wann der Zeitpunkt erreicht ist, die Leistungsanforderungen zu reduzieren oder ganz einzustellen. Es ist sicherlich im fortschreitenden Alter häufiger mit einem Auf und Ab in bezug auf die Fitneß zu rechnen. An feuchten und kalten Tagen spüren die alten Pferde die rheumatisch erkrankten Knochen heftiger als an schönen warmen Sommertagen. Hier ist Rücksichtnahme angesagt. An nebligen, naßkalten Tagen freut sich das Pferd über eine kräftige Massage mit einem wärmenden Einreibemittel sehr und findet es angenehmer als einen Ritt ins Gelände. Zu einem schönen Spaziergang sind Pferderentner immer aufgelegt, sehen und erleben sie doch etwas anderes als den täglich gewohnten Ablauf im Stall. Voraussetzung ist, daß sie manierlich und gehorsam am Führstrick mitgehen. Wenn Besitzer und Pferd sportlich fit bleiben wollen, empfiehlt sich das gemeinsame Joggen, auch hier ist eine jederzeit vorhandene Kontrolle über das Pferd am Führstrick in der schnelleren Gangart Trab eine wichtige Voraussetzung. Große Freude bereitet dem nicht mehr gerittenen Pferderentner der Ausflug ins Gelände als Handpferd. Es ist natürlich selbstverständlich, daß so ein Ausritt meist nur im Schritt absolviert werden kann und daß sich die beiden Pferde gut miteinander vertragen müssen. Bei beiden Pferden ist absoluter Gehorsam notwendig, um jederzeit die Kontrolle über die Tiere zu haben, ein wichtiger Punkt zur Unfallvermeidung, speziell

Ruhige, gemütliche Spazierritte sind für ältere Pferde und Menschen gleichsam eine schöne Beschäftigung. Hier ein 21jähriger Hannoveraner bei einem Ausritt am See.
Foto: Angelika Schmelzer

im Straßenverkehr. Rücksicht im Umgang mit Pferderentnern ist nicht nur beim Menschen, sondern ebenfalls von den jüngeren Artgenossen zu erwarten. Zur Abwechslung kann mal das jüngere und dann wieder mal das ältere Pferd als Handpferd genommen werden, so wird es den Pferden nie langweilig. Je abwechslungsreicher die Ausbildung des jungen Pferdes zusammen mit dem Pferderentner gestaltet wird, desto interessanter empfinden sie das Training mit dem Menschen und arbeiten aufmerksam mit.

Kann das alte Pferd noch ein wenig geritten werden, findet sich vielleicht eine Reitbeteiligung, bei der die reiterlichen Nutzungsmöglichkeiten des älteren Pferdes noch vollkommen ausreichen. Alter Mensch zum alten Pferd wäre eine fein zusammenpassende, har-

monische Verbindung, ihre Bewegungsfähigkeit und sportlichen Ansprüche ließen sich gut aufeinander abstimmen, und an gemütlichen, ruhigen Spazierritten hätten sicher beide Seiten ihre Freude.

Reitanfänger fühlen sich auf einem ruhigen, erfahrenen Pferd viel sicherer und wohler als auf einem jüngeren, temperamentvollen Tier. Ältere Pferde sind optimale Lehrpferde für Reitanfänger oder ängstliche Reiter. Durch ihre Lebenserfahrung strahlen sie eine souveräne Ruhe und Gelassenheit aus, die bei ungeübten Reitern Sicherheit und Wohlbefinden erzeugt.

Hierbei muß aber erwähnt werden, daß auch bei noch so betagten Pferden im zunehmenden Alter das Temperament und die Lauffreudigkeit nicht unbedingt abnehmen. Im Gegenteil, es ist oft erstaunlich, welche Energie und Zähigkeit so mancher Pferdeveteran an den Tag legt. Pferdegreise mit diesen Charaktereigenschaften und Verhaltensweisen wären für einen älteren Menschen oder Reitanfänger nicht der richtige Partner, hier gehört ein erfahrener, sicherer Reiter in den Sattel.

Kinder sind ebenfalls auf älteren, ruhigen Pferden gut aufgehoben. Sie können von deren Erfahrenheit im Umgang mit Reitschülern profitieren, da die Pferde im Laufe ihres Lebens geduldig und ruhig geworden sind. Aber es ist stets von den Erwachsenen darauf zu achten, daß die Pferde ihre nötigen Ruhezeiten erhalten; zuviel Reitarbeit, gutgemeinte Fürsorge und liebevolle Pflege der Kinder kann für sie sehr anstrengend werden.

Ältere, erfahrene Geländereitpferde sind die geeignete Begleitung für junge Pferde, die ihre ersten Erfahrungen bei Ausritten sammeln. Die Ruhe, Gelassenheit und Sicherheit des Pferderentners überträgt sich auf das noch unerfahrene junge Tier; Situationen, die es alleine vielleicht als gefährlich eingestuft hätte, lassen sich in solch einer Begleitung entspannter angehen. Junge Pferde beobachten, wie der ältere Artgenosse auf bestimmte Dinge und Situationen reagiert und kopieren dieses Verhalten. Eine wertvolle Erziehungserfahrung in bezug auf ihren späteren Einsatz als Reitpferd.

Jegliches Springen ist mit dem Pferderentner zu unterlassen, sei es auf dem Platz oder im Gelände, selbst wenn die Stangen noch so niedrig sind und das Pferd vielleicht gerne hinüber springen möchte. Die Gefahr, Verletzungen an Knochen, Sehnen und Bändern zu erleiden, wird mit zunehmenden

Lebensjahren immer größer. Jedes Risiko ist bewußt auszuschließen, wenn dem Besitzer die Gesundheit seines Pferdes an erster Stelle steht. Die Heilungschancen bei Verletzungen am Sehnen-, Bänder- oder Knochenapparat werden im zunehmenden Alter immer schlechter.

Wird das Pferd noch ein wenig dressurmäßig geritten, sind die Biegearbeiten auf ein geringes Maß einzuschränken und den gesundheitlichen Möglichkeiten des Pferdes anzupassen. Besonders im Winter sind lange Aufwärmphasen nötig, bis solche Übungen geritten werden können. Durch die niedrigen Außentemperaturen sind Gelenkflüssigkeit, Bänder, Sehnen und Muskulatur steif und unelastisch.

Ältere und ruhige Pferde eignen sich wunderbar als Lehrpferde für Kinder oder ängstliche Reitanfänger. Carina hat im Alter von 25 Jahren diese Aufgabe fast täglich mit Freude absolviert und blieb dabei in guter körperlicher Kondition.
Foto: Heike Groß

Langsames Aufwärmen mit leichter Schrittarbeit macht diese Bereiche geschmeidiger und besser beweglich. Erst wenn die Aufwärmphase beendet ist, können intensivere Reitarbeiten durchgeführt werden, ohne Schäden zu verursachen.

Geländeritte, speziell in bergigen Landschaften, sind gut vorzuplanen. Zu anstrengende Wegstrecken mit steilen Kletterpfaden sollten dem älteren Pferd nicht mehr zugemutet werden. Lange Galoppstrecken sind ebenfalls gut zu planen, oder es ist in eingeschränktem Maße zu galoppieren. Auch wenn es den Anschein hat, daß das Pferd noch genügend Ausdauer aufbringt, verausgaben oder überschätzen sich ältere Pferde leicht, deshalb nie bis zu den letzten Kraftreserven reiten.

Die jüngeren, begleitenden Pferde müssen auf die Belange des älteren Pferdekollegen Rücksicht nehmen, im Begleittempo zu ihm passen oder zurückgenommen werden. Ruhige, gemütliche Schrittrunden sind besonders für junge Pferde zur Konditionierung und zum Aufbau der Muskulatur von großem Nutzen und für den Pferderentner angenehm zu absolvieren.

Apropos Muskulatur, eins sollte bei der „Benutzung" eines Pferderentners sehr beachtet werden: Nur regelmäßige Reitarbeit hält gesund. Wird es nur am Wochenende beansprucht bzw. geritten und steht die restliche Zeit auf der Weide, treten Störungen im Stoffwechselkreislauf von Muskeln und Leber durch die plötzliche Überbeanspruchung am Wochenende auf.

Wenn es mit dem Reiten gar nicht mehr klappt, kann auch die „Handarbeit" mit dem Pferd auf dem Trailparcours auf beiden Seiten viel Freude bereiten; wo früher im Sattel geritten wurde, gehen nun Pferd und Reiter gemeinsam zu Fuß.

Eine weitere „Nutzungsmöglichkeit" besteht in Kutschfahrten, hier muß natürlich erst mal eine Umschulung stattfinden. Sehr wahrscheinlich macht diese neue Aufgabe dem Pferd viel Freude, wird es so doch nicht aufs Abstellgleis geschoben, sondern noch richtig gebraucht. Hier ist selbstverständlich die gesundheitliche Eignung vorher mit dem Tierarzt abzuklären.

Ein weiterer Gesichtspunkt für Kutschfahrten mit älteren Pferden sind die zu benutzenden Wegstrecken, nur Asphalt ist auf Dauer zu belastend für Knochen, Sehnen und Gelenke. Weichere Wald- und Wiesenwege sind in jedem Fall vorzuziehen. Auch darf die Strecke nicht zu lang sein, Berg- und Talfahrten sind nur bei guter Kondition und stabiler Gesundheit des Pferdes durchzuführen.

Kleine, einfach zu lernende Kunststücke können die älteren Pferde sinnvoll beschäftigen, sie haben Freude daran, besonders wenn es nach erfolgreichem Lernen mit guter Leistung ein Lob und Leckerli zur Belohnung gibt. Verbeugungen, Steigenlassen und andere für Gelenke und Knochen zu anstrengende Übungen sind hier nicht gemeint.

Zähllaufgaben oder Gegenstände festhalten und wegbringen gehören zu den leichten und gut zu bewältigenden Kunststückchen für die Pferde, die keine Reitarbeit mehr leisten können.

Oft kommen erstaunliche Fortschritte bei den Übungen zustande, mit denen mancher Pferdebesitzer nicht gerechnet hätte. Diese Aufgaben för-

*Durch ihre Lebens-
erfahrung haben
sich ältere Pferde
sehr gut für die
Westernreitdiszi-
plin Trail bewährt.
Auf einem Einstei-
gerturnier hat die
25jährige Carina
in einem Teilneh-
merfeld von 19
Pferden den dritten
Platz erreicht.
Foto: Heike Groß*

dern zugleich die seelische Ausgegli-
chenheit des Pferdegreises, bleibt er
doch dadurch geistig fit!

Gut geeignet sind ältere, ruhige und
erfahrene Pferde für die Disziplin Trail
im Westernreitsport, sofern sie gesundheitlich in der Lage sind, noch ein
wenig geritten werden zu können,
denn ein Trab oder kleiner Galopp
wird in solch einer Turnierprüfung
schon mal verlangt.

Flatterbänder durchreiten, einen mit
Blechbüchsen gefüllten Sack hinter
sich herziehen, über bunte Planen und
Holzbrücken reiten sowie das Bewältigen am Boden liegender Stangenanord-
nungen vorwärts, rückwärts und seit-
wärts gehören zu den üblichen Aufgaben im Trail. In dieser Reitweise ist
das Vertrauen zwischen Reiter und
Pferd und die Ruhe und Gelassenheit
des Pferdes besonders gefragt.

Eigenschaften, die ältere Pferde aufgrund ihrer Lebenserfahrung in hohem
Maße aufweisen. Für Turniereinsteiger
gibt es in einigen Vereinen sogenannte

Freizeit- oder Einsteigerklassen, bei
denen ein älteres Pferd in der Leistungsfähigkeit nicht überfordert wird.
Es ist ein schönes Gefühl, mit seinem
älteren Pferdepartner in vernünftigem
Maße noch einmal Turnieratmosphäre
zu schnuppern, und vielleicht reicht
das im Alter neu Erlernte sogar noch
für eine Plazierung.

Westernreitvereine (z.B. EWU)
geben Interessierten gern Auskunft
über Turnierveranstaltungen oder über
Lehrgänge für Anfänger in der
Westernreitweise.

Ist eine Turnierteilnahme noch möglich?

Generell sollte der Pferderentner gar
nicht oder nur noch begrenzt für den
Turniersport vorgesehen und eingesetzt
werden.

Ist die Fahrt im Pferdehänger und
der Aufenthalt auf einem Turnierplatz
für das ältere Pferd zu aufregend und

Bevor unreitbare Pferde zur Zucht eingesetzt werden, ist gut zu überlegen, ob erbliche Veranlagungen für die Unreitbarkeit als Ursache in Frage kommen. In diesen Fällen sollte von einer Bedeckung aus Verantwortungsbewußtsein abgesehen werden.
Foto: Heike Groß

nervlich zu stark belastend, sollte von diesem Vorhaben unbedingt Abstand genommen werden. Außerdem sind Turniertage mit heißen Temperaturen für alte Pferde nicht geeignet.

Große Leistungsanforderungen oder gar Springprüfungen gehören ebenfalls nicht mehr zu den Turnieransprüchen.

In der Dressur dagegen kann ein älteres, erfahrenes Pferd in einer Prüfung der Klassen E - A einem Anfänger wertvolle Dienste leisten und Erfahrungen für seine spätere Turnierlaufbahn geben.

Die Gelassenheit älterer Pferde hilft jugendlichen Reitern gegen ihre Nervosität bei der Prüfung zum Reitabzeichen und hilft die Prüfungsangst zu überwinden, bzw. die Pferde lassen sich von der Nervosität der Reitschüler nicht so leicht anstecken.

Die immer mehr aufkommenden Reiterspielturniere beinhalten die eine oder andere Aufgabe, die zusammen mit dem älteren Pferdepartner gut bewältigt werden kann.

Bei Veranstaltungen von Reiterrallyes ist auf eine mögliche Überforderung des Pferderentners zu achten.

Vor allem, wenn schwieriges Gelände in einer vorgeschriebenen Zeit bewältigt werden muß, ist dies nicht empfehlenswert.

Mit alten Pferden züchten?

Von der Möglichkeit, ältere Stuten zur Zucht einzusetzen, sollte lieber Abstand genommen werden, wenn die letzte Fohlengeburt schon einige Jahre zurückliegt und die Stute sich schon im „hohen" Pferdealter befindet.

In diesem Alter treten zunehmend Verknöcherungen der Beckenknochen ein und die Beckenbänder verlieren ihre Elastizität.

Dies sind wesentliche Faktoren, die eine Geburt sehr erschweren können und ein unkalkulierbares Risiko für die Stute beinhalten. Oft schützt sich der Körper selber vor so einer Belastung, indem er eine Befruchtung gar nicht mehr aufnimmt. Obwohl es in der Pferdegeschichte viele alte Stuten gibt, die bis kurz vor ihrem Tod noch Fohlen zur Welt gebracht haben, sind die damit verbundenen Risiken nicht zu unterschätzen. Ein Gespräch mit einem vertrauten Tierarzt könnte die Frage nach einem Fohlen abklären. Nachdem eine Untersuchung des Allgemeinzustandes der Stute und eine Beurteilung ihrer körperlichen Beschaffenheit stattgefunden hat, wird er dem Besitzer entweder zu einer Bedeckung raten oder abraten. Nicht nur die Tragzeit, auch die folgenden Säugemonate nach der Geburt und die Erziehung eines Fohlens bedeuten für eine alte Stute eine extreme Belastung, über die sich der Pferdebesitzer im klaren sein muß. Hier dürfen materielle Gewinne aus dem Verkauf des Fohlens nie vor die gesundheitlichen Belange des Pferdes gestellt werden.

Es kann vorkommen, daß die anfallenden Tierarztkosten während der Tragzeit und Geburt den späteren Erlös des Fohlens übersteigen.

Ein weiteres Kriterium für die Bedeckung sind eine korrekte Stellung der Gliedmaßen und der Ausschluß von Erbkrankheiten (z. B. Ekzem, HYPP, usw.), denn mittelmäßige Fohlen gibt es zur Genüge auf dem Pferdemarkt. Wer nun das exakte Ebenbild der Mutterstute in dem Fohlen erwartet, kann tief enttäuscht werden. Die Optik, das Wesen, der Charakter und das Temperament können nämlich auch ganz vom Papa kommen, und das Fohlen zeigt vielleicht kaum eine Ähnlichkeit mit der Mutter.

Für die Stute sind die Bedeckung, die Tragzeit, die Geburt und die Aufzucht ihres Babys eine anstrengende und belastende Aufgabe, die ihr nur bei wirklich gutem und gesunden Allgemeinbefinden zugemutet werden darf.

Hengste dagegen sind bis ins hohe Alter zeugungsfähig und können, solange es ihre Knochen und Muskeln mitmachen, zum Decken in angebrachtem Maße eingesetzt werden.

Das Benutzen eines Pferdes darf nicht im Vordergrund stehen, wenn es um die Frage nach dem Altwerden geht. Wer sein Pferd in erster Linie des Pferdseins wegen hält und liebt, freut sich über jeden Tag, an dem er es gesund und munter im Stall antrifft und es im Alter hegen und pflegen kann. Hier steht das Miteinander aus Liebe an erster Stelle, nicht die Frage nach Nutzen und Zweck.

Ein großes Glück für die Pferde, die in die Hände solcher Menschen geraten sind! Sie werden ihrem Besitzer noch viele Jahre Freude bereiten und ein zufriedenes Rentnerdasein genießen können. Etwas, das sie sich im Laufe ihres vielleicht nicht immer leicht ertragenen Lebens auch wohl verdient haben.

DIE REITAUSRÜSTUNG FÜR ALTE PFERDE

*„Ein altes Pferd sehnt
sich nicht nach dem Sattel„*

Zu den äußerlichen Alterserscheinungen eines betagten Pferdes gehört der zunehmende Senkrücken. Der Sattel, der dem Pferd in jüngeren Jahren passend gekauft wurde, wird seine frühere optimale Paßform mit zunehmendem Pferdealter verlieren. Durch Senkrücken, altersbedingten Muskelabbau und Bindegewebsschwäche kommt es zum Aufliegen der Sattelkammer auf den Widerrist.

Schmerzhafter Druck bis hin zum Satteldruck mit offenen Wunden können die Folgen sein. Daher muß gerade beim älter werdenden Pferd die Sattelpaßform immer wieder geprüft werden. Der Abstand zwischen Sattelkammer und Widerrist sollte mindestens zwei Fingerbreit betragen. Gemessen wird natürlich mit dem Reitergewicht im Sattel. Ist dieser Abstand zu gering oder liegt der Sattel gar auf dem Widerrist auf, ist dringend ein anderer Sattel mit extrem hoher Kammer für das Pferd zu besorgen, um Satteldruck und Auftreibungen am Widerrist zu vermeiden.

Dieses Überprüfen der Paßform gilt für den klassischen Sattel genauso wie für den Westernsattel oder alle anderen Sattelarten. Beim klassischen Sattel kann in leichten Fällen mit einer Aufpolsterung schon eine Verbesserung erreicht werden, was beim Westernsattel nicht so ohne weiteres möglich ist. Hier wäre es angebrachter, einen neuen (bzw. guten gebrauchten) Sattel mit sehr hoher Kammer zu erwerben. Das ist nicht immer ganz einfach, denn die Westernsättel bieten relativ selten Bäume mit hoher Kammer. Am ehesten findet sich unter den sogenannten „Roopern" (Arbeitssättel) ein passendes Stück für den Pferderentner.

Bei der Verwendung eines Westernsattels in Leder-Holzbaumausstattung ist allerdings zu bedenken, daß sein Eigengewicht zwischen 12 und 16 kg liegt, für das alte Pferd mit seiner nicht mehr so gut gepolsterten Wirbelsäule also recht belastend.

Auf jeden Fall ist es wichtig, sehr dick gepolsterte Sattelpads zu verwenden. Es gibt dicke Pads mit echtem Latexinnenpolster an, die dafür sehr gut geeignet sind. Diese Latexpads sind elastisch und passen sich genau der Rückenform an. Stöße werden optimal kompensiert, zudem zeigt das Latexmaterial eine antiseptische Wirkung, so daß lästiger Pilz- und Bakterienbefall vermieden wird.

Es gibt auch speziell im vorderen Bereich doppelt gepolsterte Westernpads, die den Sattel am Widerrist noch etwas höher bringen.

Als sinnvolle Alternative zu dem schweren Lederwesternsattel gibt es zum Beispiel den Wintec-Westernsattel an, ein Produkt aus strapazierfähigem Textilstoff mit Kunststoffbaum. Er paßt sich der Rückenlinie des Pferdes sehr gut an, aber auch hier ist eine genaue Paßform notwendig, denn der Sattel beinhaltet einen festen Sattelbaum, der bei falscher Lage zu Satteldruck führen kann.

Für das Pferd eine sehr angenehme Variante zu den herkömmlichen Baumwolldecken sind reine Lammfellsatteldecken, die es für den klassischen Sattel wie für den Westernsattel gibt.

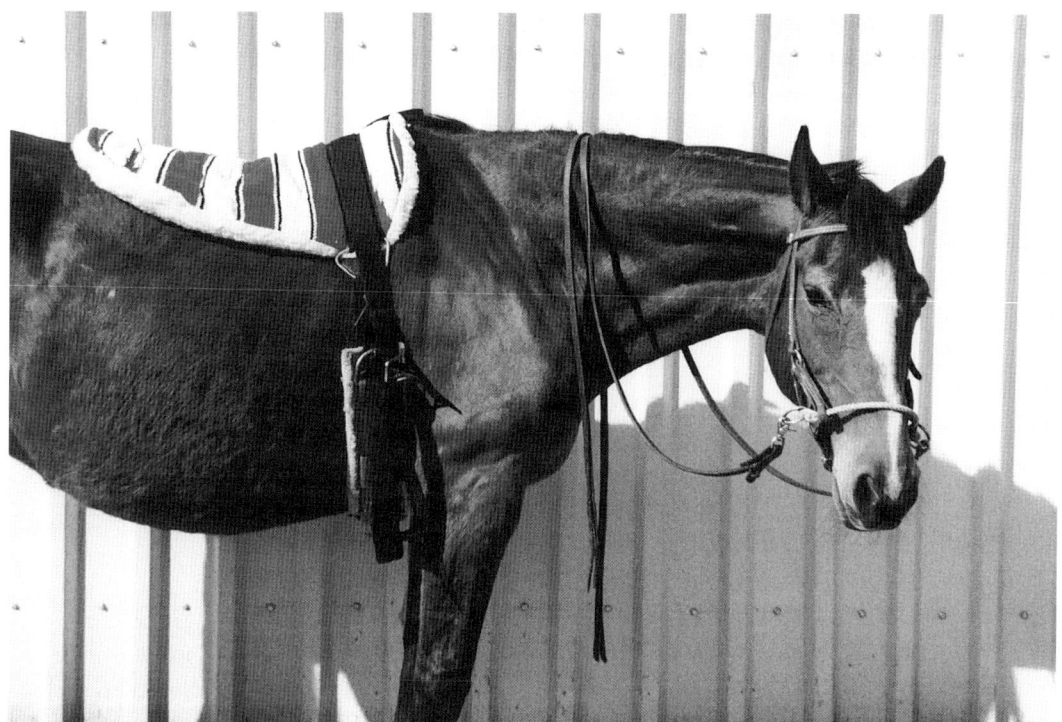

Bei allgemeiner Empfindlichkeit an der Wirbelsäule können zusätzlich auf dem Reitsportmarkt erhältliche Gel-Pads (gibt es für alle Sattelvarianten) zwischen Sattel und Satteldecke gelegt werden. Sie nehmen den Druck des Reitergewichtes auf und verteilen ihn gleichmäßig auf dem Pferderücken.

Ebenfalls eine vorteilhafte Lösung für ältere Pferde mit tiefem Senkrücken sind die sogenannten Bar-Back-Pads, einfache Reitkissen im Stil einer Westernsatteldecke.

Diese dick gepolsterten Westernpads mit Kodelunterseite haben aufgenähte Steigbügelriemen und Sattelgurthalterung in Nylonqualität. Diese Pads sind bei verschiedenen Herstellern in den Ausführungen aus Stoff und Wildleder erhältlich .

Der Reiter sitzt mit diesen Bar-Back-Pads wesentlich bequemer und sicherer als ohne Sattel auf dem Pferderücken. Die breiten, meist aus Kunststoff angefertigten Bügel geben Halt und erleichtern das Aufsteigen.

Für gemütliche Spazierritte oder leichte Bewegungsarbeit auf dem Reitplatz ist dies besonders für das alte Pferd eine sehr angenehme und sinnvolle Alternative zu einem herkömmlichen Sattel, da es das Gewicht des Sattels nicht tragen muß.

Allerdings ist zu beachten, daß dieses Bar-Back-Pad auf dem Pferderücken leicht ins Rutschen kommen könnte, daher ist immer auf Sicherheit zu reiten, und Galoppieren sowie Springen (was für ältere Pferde ohnehin nicht geeignet ist) mit diesem Kissen nicht auszuüben.

Im Gelände dürfen nur ruhige und gehorsame Pferdeveteranen damit geritten werden.

Das sogenannte Bar-Back-Pad eignet sich nur zum gemütlichen Spazierenreiten im Schritt, da es nicht den festen Halt und Sitz eines richtigen Sattels bietet. Foto: Heike Groß

Das Sidepull ist eine gebißlose Zäumung, die ein absolut gehorsames Reitpferd mit einem kontrollierbaren Temperament verlangt.
Foto: Heike Groß

ihrem Leben herumgelaufen. Ein Sidepull, erhältlich im Westernreitsportzubehör, erfüllt diese Aufgabe sehr gut.

Es gibt zwei unterschiedliche Ausführungen, zum einen ist der Nasenriemen aus Rawlide geflochten, einem Kunststoffmaterial, und zum anderen gibt es sie mit einem verstärkten Ledernasenriemen.

Beim Rawlide ist die Einwirkung durch das härtere Material deutlicher und stärker, der Lederriemen wirkt weicher und sanfter.

Hier kommt es auf den Gehorsam des Pferdes an, welches Sidepull sinnvoller ist. Bei ganz braven Pferden reicht vielleicht sogar ein einfaches Halfter mit zwei Stricken als Zügel aus. Für Pferd und auch Reiter bedeutet dieses Reiten „ohne Gebiß" eine enorme Umstellung, die erst ausgiebig auf dem Reitplatz geübt werden muß, bevor es ins Gelände geht.

Für Pferde, die ihr Temperament auch im Alter nicht verlieren, ist diese Reitweise nicht geeignet.

Wird das Pferd nun nicht mehr mit Gebiß geritten, sind weiterhin halbjährliche Zahnkontrollen unbedingt einzuhalten.

Alte Pferde, die im Bereich Sehnen und Bänder einige Probleme und Schwachstellen haben, sollten beim Reiten besser Bandagen tragen, besonders im Gelände und auf tiefem Reitplatzboden.

Hierbei ist es sehr wichtig, auf gute Qualität zu achten und wirklich stützende und richtig passende Sehnenschoner zu verwenden. Billigprodukte erfüllen oftmals nicht diese Ansprüche und schaden mehr, als daß sie nutzen.

Sehr geeignet sind Produkte, die in warmem Wasser weich gemacht wer-

Nicht nur die regelmäßige Kontrolle der Sattelpaßform ist zu beachten, auch die Lage des Trensengebisses im Maul sollte öfters überprüft werden.

Bedingt durch die enorme Veränderung der Zahnanordnung im älter werdenden Pferdemaul, kann es bei ungünstig liegenden Gebissen zu Schäden und Verletzungen an Zähnen, Zunge und Zahnfleisch kommen.

Verringerte Futteraufnahme und oftmals recht schnelles Abmagern können die Folge sein.

Ruhige, sehr gehorsame und gut auf die Reiterhilfen reagierende Pferdeveteranen sind am glücklichsten, wenn sie ohne Gebiß geritten werden, denn damit sind sie ja auch lange genug in

den, beim Anlegen die Form des Pferdebeines aufnehmen und nach dem Abkühlen genauso beibehalten.

Diese so geformten Gamaschen sollten auch nur von diesem Pferd getragen werden.

Ebenfalls gut geeignet sind Gamaschen aus Neoprenmaterial mit Klettverschluß, die über den Fesselkopf gehen und dort zusätzlich unterstützend wirken. Der Preis solcher qualitativ empfehlenswerter Gamaschen liegt bei 120,- bis 190,- DM.

Gamaschen dürfen nur im sauberen Zustand angezogen werden, noch vorhandener Sand und Schmutz vom vorherigen Ritt führt zu Druck- und Scheuerstellen am Bein. So sinnvoll und unterstützend Gamaschen für Sehnen und Bänder auch sind, sollten sie nur bei Bedarf, also wenn Schwächen oder Defekte von alten Sehnenverletzungen vorhanden sind, eingesetzt werden.

Ihr Nachteil besteht nämlich darin, daß durch den festen Druck, mit dem sie am Bein verschnallt werden, der Bluttransport in den äußeren Hautschichten erheblich behindert wird. Gesunde und kräftige Sehnen und Bänder können durch ständige Unterstützung und Entlastung durch Gamaschen ihre natürliche Festigkeit und Strapazierfähigkeit verlieren.

UNREITBARE PFERDE BEWEGEN UND BESCHÄFTIGEN

Nicht nur alte Pferde sind irgendwann einmal unreitbar, bereits in jungen Jahren können sie durch verschiedene Umstände (Krankheit, Verletzung, Unfall, usw.) unreitbar werden.

Diese krankhaften Befunde machen ein Pferd auf Dauer unreitbar:
· Fehlstellungen und Mißbildungen von Geburt an
· schwache oder fehlentwickelte Rückenwirbel
· Schäden an der Bandscheibe durch einen Unfall (Sturz)
· Herz- oder Lungenschwäche
· Sehnenschwäche oder schwere Sehnenverletzung
· verheilte Knochenbrüche, Knochenhaarriß oder -anriß durch Unfall
· Warzen, Melanome, Fisteln an Sattel- oder Gurtlage
· chronischer Husten und Dämpfigkeit
· schwere Hufrehe, Hufkrebs, breite, immer wiederkehrende Hornspalten
· Schale, Spat bei Jungpferden als Folge von Überbelastung in fortgeschrittenem Stadium

Warum soll man überhaupt so ein unreitbares Pferd behalten, es kostet doch eine Menge Geld im Unterhalt und bringt keinen Nutzen? Weil auch ein unreitbares Pferd ein Recht auf eine lebenslange, verantwortungsbewußte Versorgung hat, vorausgesetzt sein Leiden verursacht keine ständigen Schmerzen. Wer sich ein Pferd nur aus wirtschaftlichen Gründen und vorhandener Leistungsfähigkeit anschafft,

wird bei Unbrauchbarkeit schnell eine Trennung, bzw. Abgabe des „nutzlos gewordenen" Pferdes in Betracht ziehen. Wer sich aber ein Pferd aus echter Tierliebe anschafft, wird seinen Pferdepartner selbstverständlich auch im unreitbaren Zustand behalten wollen. Für ihn ist das Zusammensein wichtig und nicht irgendwelche reiterlichen Erfolge.

Sicher wird ein Wermutstropfen dabei sein, wenn er nicht mehr die gewohnten Ausritte auf dem Rücken seines Pferdes erleben kann, sondern mit ihm zu Fuß die Landschaft erkunden wird. Aber Hauptsache, er ist mit seinem Freund Pferd zusammen.

Unreitbar - und dann noch zur Zucht?

Mancher Pferdebesitzer möchte aus seiner unreitbar gewordenen Stute gerne ein Fohlen ziehen. Hierzu sollten aber einige Bedingungen unbedingt erfüllt sein:

1. Kann die Stute die Belastung einer Trächtigkeit und Geburt aufgrund ihres Gesundheitsbefundes ohne Gefahr und weitere Beschwerden verkraften? Wenn z. B. ein Sehnenschaden vorliegt, ist das Tragen des Fohlens im Mutterleib ein große Belastung für die Beine, welche die Beschwerden verstärken und somit Schmerzen hervorrufen wird.

2. Liegt die Ursache der Unreitbarkeit in einer erblichen Veranlagung? Sind z. B. erblich bedingte Fehlstellungen an den Gliedmaßen oder eine Schwäche der Wirbelsäule vorhanden, wäre es sehr verantwortungslos, das Risiko einer Weitervererbung dieser

Fehlbildung an das Fohlen durch eine Bedeckung einzugehen.

3. Kann der Besitzer die Kosten für die unreitbare Stute und ihr Fohlen, wenn er es behalten möchte, für viele Jahre tragen? Oder wird die Stute später dann doch abgeschoben, weil die Zeit knapp und die Kosten für die Betreuung zweier Pferde zu hoch geworden sind?

4. Behält der Pferdebesitzer das Fohlen, hat er genügend Zeit, sich um beide Pferde ausgiebig zu kümmern? Das unreitbare Pferd darf wegen einem jüngeren, reitbaren Pferd nie in den Hintergrund gestellt werden.

5. Lohnt sich der finanzielle Aufwand, ein Fohlen aus dieser Stute zu ziehen, wenn ein Verkauf in Erwägung gezogen wird? Hat die Stute gute Veranlagungen, gute Papiere und ein ansprechendes Exterieur? Mittelmäßige Fohlen ohne Papiere sind in großen Mengen auf dem Pferdemarkt erhältlich, ihr Verkaufspreis ist gering und ihr Schicksal ungewiß.

Diese Fragen müssen unbedingt vor der Suche nach einem geeigneten Deckhengst geklärt werden, um das zukünftige Schicksal von Stute und Fohlen verantwortungsvoll zu entscheiden.

Zeitweilige Unreitbarkeit

Oft ergibt sich aus einem Unfall, einer Verletzung oder einer Krankheit eine zeitlich begrenzte Unreitbarkeit, die zwischen einem Monat und einem Jahr andauern kann. Das bedeutet, daß der Pferdebesitzer nur eine gewisse Genesungszeit abwarten muß, um dann sein Pferd wieder reiten zu können.

Während dieser unreitbaren Zeit sind gymnastizierende Bewegungsmaßnahmen und ein angemessenes Konditionstraining sehr wichtig und dadurch die spätere Aufnahme der Reitarbeit leichter zu gestalten. Ebenso wichtig wie die körperliche Fitneß ist die geistige Beschäftigung mit dem Pferd. Steht es für einen längeren Zeitraum nur im Stall und auf der Weide, wird der erste Ausritt in das Gelände mit all seinen Abwechslungen und ungewohnten Situationen erst einmal große Aufregung und Unruhe verursachen. Besser wäre es, mit dem Pferd innerhalb der Erholungszeit regelmäßig Spaziergänge zu unternehmen, so daß es diese Begebenheiten im Gelände immer wieder erleben und verarbeiten kann. Ein der Krankheit entsprechend wohldosiertes Gymnastik- und Konditionstraining verhindert einen zu starken Muskelabbau während der Rekonvaleszenzzeit.

Welche Ursachen gibt es für eine zeitweilige Unreitbarkeit? Dazu gehört der leider immer wieder vorkommende Satteldruck, eine Verletzung, die bei sorgsamer Pflege und Haltung zu vermeiden wäre. Pferde mit Satteldruckgeschwüren sind zwar unreitbar, können aber an der Longe weiterhin regelmäßig gearbeitet werden und so ihre Kondition zum überwiegenden Teil beibehalten. „Sattelfeste" Pferdebesitzer können ja mal ohne Sattel eine Reitstunde mitreiten; ein gutes Training für das Balancegefühl und die Beinmuskulatur!

Anders dagegen verhält es sich z. B. bei einem Hufgeschwür, einer Huflederhautentzündung, der Hufrehe oder einer langwierigen Sehnenverletzung. Hier sind Longenarbeit, Spaziergänge

Die Arbeit an der Longe bietet sich zur Aufrechterhaltung der Muskulatur und Kondition an, wenn nur eine vorübergehende Unreitbarkeit vorliegt. Alte arthrotisch kranke Pferde dürfen nicht longiert werden, da die einseitige Belasteung des Zirkelgehens den Krankheitsbefund verschlimmern kann.
Foto:
Angelika Schmelzer

maliges Kirmespony gekauft. Nun hat es der Besitzer liebgewonnen und möchte es trotz der „Unreitbarkeit" behalten. Daß gerade Ponys sehr vielseitig beschäftigt werden wollen, merkt man ihnen bald an, nämlich dann, wenn sie aus lauter Langeweile auf der Weide nur Unfug anstellen. Sie mögen gerne auf Spaziergänge mitgenommen werden und haben Spaß am Erlernen kleiner Kunststücke. Nachstehende Bodenarbeit und Spiele sind auch für Ponys zur abwechslungsreichen Beschäftigung gut geeignet.

oder anderweitige Bodenarbeit aus gesundheitlichen Gründen für eine lange Zeit nicht möglich.

Trotzdem sollte das Pferd jeden Tag auf einem Paddock die frische Luft und Sonne genießen können und zumindest die Artgenossen in Sichtweite dabei haben. Die Möglichkeiten der Beschäftigung seitens des Besitzers liegen hier in intensiver Fellpflege, der Anwendung alternativer Heilmethoden (Magnetfeld- und Lasertherapie sowie Massage) zur Beschleunigung des Heilungsprozesses oder ausgiebigen Streicheleinheiten verbunden mit Äpfel- und Möhrenleckereien.

Wichtig für das Pferd in dieser Situation ist die regelmäßige Zuwendung seines Besitzers, wenn es seinem sonst gewohnten Tagesablauf nicht nachkommen darf. Der seelische Trost während dieser Genesungszeit ist wichtig für den Fortschritt des Heilungsprozesses.

Und auch das kann vorkommen: Ein Pony ist zwar jung und gesund, aber aufgrund seines geringen Stockmaßes als Reitpferd zu klein für seinen Besitzer. Vielleicht wurde es aus Mitleid aus schlechten Verhältnissen, z. B. als ehe-

Möglichkeiten der Beschäftigung

Die Möglichkeiten, sich mit unreitbaren Pferden zu beschäftigen, sind sehr umfangreich, wenn man sich erst einmal intensiv damit auseinandersetzt. Bald macht es richtig Spaß, mit viel Phantasie und Freude immer wieder interessante und neue Spiele zu erfinden und damit den Alltag für das Pferd stets abwechslungsreich zu gestalten.

Jeden Tag die gleiche Runde spazierenzugehen wird bald eintönig und macht weder dem Pferd noch dem Besitzer Spaß. Und auf Dauer verliert der Pferdehalter vielleicht aus diesen Gründen das Interesse an der Beschäftigung mit seinem unreitbaren Pferdepartner.

Bei einer vielseitigen Bewegung an der Hand wird nicht nur die Aufgabe der Betreuung des Pferdes erfüllt, sondern es wird gleichzeitig der Gehorsam gestärkt und ein Mitdenken und Aufpassen des Pferdes verlangt, so daß es mit diesen Arbeiten gleichermaßen geistig fit bleibt. Und die einzelnen

Lektionen der Bodenarbeit fördern nebenbei die Gymnastizierung des Pferdes. Voraussetzung für ein erfolgreiches Gelingen dieser Arbeit „zu Fuß" ist ein gut zu führendes Tier. Pferde, die nicht gelernt haben, ruhig und in angemessenem Tempo neben ihrem Besitzer herzugehen und auf Kommando sofort still stehenzubleiben, müssen erst einmal das „ABC der Pferdeerziehung" lernen.

Zur Unterstützung dieser Schularbeit kann eine ordnungsgemäß angelegte Führkette verwendet werden.

Sie erleichtert dem Pferdehalter die Arbeit besonders bei heftigen Pferden enorm.

Genau wie bei den Menschen ist auch bei den Pferden in ähnlicher Weise die Intelligenz und die Aufnahmefähigkeit unterschiedlich ausgeprägt; das eine Pferd versteht sofort, was von ihm erwartet wird, andere dagegen brauchen etwas mehr Zeit zum Erlernen des Verlangten. Lernerfolge sind nur mit Ruhe und Geduld zu erreichen, Vertrauen zwischen Pferd und Halter ist eine der wichtigsten Grundvoraussetzungen.

Ausgiebiges Loben bei fehlerfreiem Absolvieren einer Übung ist eine wichtige Motivationsmaßnahme und darf nie vergessen werden.

Und Vorsicht vor Überforderung, sie erzeugt nur Rückschritte und Unaufmerksamkeit bei dem Pferd.

Für die nun folgenden beschriebenen Spiele mit dem Pferd an der Hand ist nicht unbedingt ein großer Reitplatz nötig, ein abgetrennter, möglichst gerader Teil einer Weide ist zumindest in den Sommermonaten ausreichend.

Aber eines sollte unbedingt vorhanden sein: ZEIT!

Pferde spüren es, wenn ihr Besitzer angespannt, hektisch und unter Zeitdruck mit ihnen arbeitet bzw. spielen möchte. Unweigerlich tritt eine Mißstimmung auf, erwartete Ziele werden nicht erreicht; verärgert fährt der Pferdehalter nach Hause, unbefriedigt bleibt das Pferd zurück.

Wenn die Zeit mal knapp ist, sollten schwierige Lektionen, die länger geübt werden müssen, nicht verlangt werden. Oder eine halbe Stunde ausgiebiges Putzen, Massieren und Streicheln beruhigt und erzeugt eine Harmonie, von der besonders der gestreßte Pferdebesitzer profitiert.

Die Art der Beschäftigung und die Ausführung der vorgestellten Bodenarbeit und Spiele richtet sich selbstver-

Dieses unreitbare Pferd wird nach der Bodenarbeit von Linda Tellington-Jones beschäftigt.
Foto:
Angelika Schmelzer

ständlich nach den körperlich gegebenen Möglichkeiten und dem Krankheitsbefund der unreitbaren Pferde:

· Pferde mit Gelenkerkrankungen dürfen keine engen Wendungen (z. B. Labyrinth) ausführen.

· Pferde mit Herz- oder Lungenproblemen sind für das gemeinsame Joggen nicht geeignet.

· Pferde mit Huflederhautentzündung, Hufrehe oder Hufbeinsenkung dürfen nur kurzfristig auf weichem Boden beschäftigt werden.

Bodenarbeit zur Gymnastizierung

Als nützliches Zubehör zur Ausübung der Bodenarbeit haben sich Stangen, Cavallettis, Tonnen, Pylonen und Planen erwiesen.

Die Stangen können z. B. als einfaches oder doppeltes Stangenlabyrinth, zum Viereck in verschiedenen Größen, hintereinander in unterschiedlichen Abständen oder in Fächerform gelegt werden. Die Variationsmöglichkeiten sind sehr groß. Die Länge einer Stange sollte drei Meter betragen, so ist sie von einer Person noch recht handlich zu bedienen.

Im Stangenviereck kann das sogenannte „Ground Tying", eine Übung aus der Westerndisziplin Trail, gelernt werden; das Pferd muß still in dem Viereck stehen bleiben, während der Besitzer es losläßt und in einem großen Bogen zu Fuß umrundet.

Als weitere Möglichkeit bietet das Stangenquadrat die Übung von Vor- und Hinterhandwendungen auf engstem Raum an. Zu Beginn der Übung werden die Stangen in einem großen

Viereck gelegt. Wenn das Pferd dies gut bewältigt, kann der Schwierigkeitsgrad erhöht werden, indem der Umfang des Vierecks immer weiter verkleinert wird. Um das Ganze etwas abwechslungsreicher zu gestalten, kann innerhalb der Stangen eine bunte Plane hingelegt oder an den Ecken Luftballons befestigt werden. Aber es sollten nie alle Schwierigkeitsgrade auf einmal geübt werden, immer schön eins nach dem anderen, sonst wird das Pferd überfordert und verliert die Freude an der Mitarbeit.

Für das Tonnen-Slalomlaufen werden mehrere Tonnen (mindestens vier Stück) in einem Abstand von fünf Metern (er kann nach mehrmaligem Üben auf drei Meter reduziert werden) hintereinander aufgestellt. Nun wird das Pferd erst im Schritt, dann im Trab im Slalom um die Tonnen herumgeführt, später kann es dann auch einmal rückwärts im Schritt probiert werden. Damit alles etwas interessanter wird, können verschiedene Gegenstände (z. B. aufgespannter Regenschirm, Eimer, Plüschtier, spielendes Radio, usw.) auf die Tonnen gestellt werden. Natürlich nicht alles gleichzeitig, sondern immer schrittweise den Schwierigkeitsgrad der Übungen anheben. Um zu vermeiden, daß die Konzentration beim Pferd nachläßt und das Slalomlaufen langweilig wird, sollte der Durchgang nicht mehr als achtmal hintereinander ausgeführt werden. Anschließend gibt es eine Pause mit Leckereien als Belohnung.

Das Stangenlabyrinth fördert die Gymnastizierung des Pferdes, da es sich zwischen den Gängen sehr biegen muß, aber eine Überforderung ist hier aus gesundheitlichen Gründen stets zu vermeiden. Es gibt das einfache (vier Stangen) und das schwere (acht Stangen) Labyrinth. Mit Pferden, die diese Bodenarbeit noch nicht kennen, wird erst das einfache Labyrinth geübt. Wird es fehlerfrei durchquert, kann das doppelte Labyrinth aufgebaut und erarbeitet werden. Der Schwierigkeitsgrad wird mit unterschiedlichen Abständen zwischen den Stangen noch erhöht; je enger sie liegen, desto schwieriger ist es für das Pferd, die Wendungen sauber auszuführen, ohne dabei mit den Hufen die Stangen zu berühren. Eine weitere Herausforderung an Geschicklichkeit, Gehorsam und Biegsamkeit des Pferdes ist das Rückwärtsrichten durch ein Stangenlabyrinth. Auch hier fängt man erst mit vier, recht weit auseinander gelegten Stangen an, um eine Überforderung zu vermeiden. Für das Pferd ist diese Bodenarbeit im Rückwärtsgehen sehr schwierig, kleinste, erfolgreiche Ansätze sollten ausgiebig gelobt werden.

Mit den Stangen kann ein sogenannter Stangenfächer gelegt werden, der beim Überqueren durch die unterschiedlichen Abstände die Sache einfacher oder schwieriger werden läßt. Die Übung mit Stangen in gerader Reihenfolge, aber ungleichen Abständen verlangt von den Pferden ein aufmerksames Mitdenken beim Überqueren des Stangenfächers.

Die Cavallettiarbeit mit unterschiedlich hohen Stangen eignet sich gleichermaßen zur Bodenarbeit, da hier die Muskulatur von Schulter und Hüfte beansprucht wird. Bei dieser Stangenarbeit ist es erwünscht, daß das Pferd den Kopf tief senkt, so entspannt und dehnt sich die Nacken- und Rückenmuskulatur.

Mit Hilfe von Pylonen können vielfältige Figuren gestellt werden, die es möglichst fehlerfrei zu durchgehen und zu umrunden gilt, vorwärts wie auch rückwärts. Wer es seinem Pferd etwas unterhaltsamer machen möchte, nimmt einen Stock, hängt eine bunte Plastiktüte daran und steckt ihn in eine der Pylonen.

Besonders, wenn es windig ist, wird dann viel Gehorsam und Konzentration von dem Pferd gefordert.

Das Ziehen von Gegenständen sollte vorsichtig und mit viel Zeit geübt werden. Niemals darf das Seil mit dem zu ziehenden Teil an dem Pferd befestigt werden; gerät es in Panik, kann es nicht schnell genug davon befreit werden.

Zu Beginn führt der Besitzer das Pferd an der einen Hand, und mit der anderen Hand zieht er selber den Gegenstand hinterher.

Dazu kann man Tonne, Pylone, Eimer, Autoreifen, Plane, Ast oder Klappersack nehmen.

Wichtig bei dieser „Spielerei" ist: Das Pferd muß genügend Zeit bekommen, sich selber mit den Gegenständen auseinandersetzen zu können um dadurch die Angst vor diesen Dingen zu verlieren.

So richtig Spaß macht die Beschäftigung an der Hand, wenn ein Spielparcours mit mehreren unterschiedlichen Anforderungen erstellt wird.

Dazu braucht es schon etwas Zeit, alle Gegenstände auf dem Platz zu verschiedenen Hindernissen (Stangen, Tonnen, Cavallettis) aufzubauen, die Plane hinzulegen, Luftballons und Flatterband zu befestigen, Gegenstände auf den Tonnen zu plazieren usw. Die Pferde werden mit dieser

Das Spielen mit einem Ball macht diesem 18jährigen Isländer richtig Spaß, wenn er erst einmal die Angst vor diesem Gegenstand verloren hat. Foto: Angelika Schmelzer

Ansammlung von Eindrücken sehr beschäftigt sein und ebenfalls ihre Freude an der „Bearbeitung" dieses Spielparcours haben.

Hier noch einige Anregungen für weitere Möglichkeiten der Bodenarbeit mit dem Pferd:

· Durchqueren eines Flatterband-vorhangs
· mit einem Gymnastikball spielen
· über Autoreifen gehen
· bunte Planen überqueren
· Longenarbeit an der Doppellonge hinter dem Pferd

Pferde, die bereits in jungen Jahren z. B. durch ein Rückenleiden, unreitbar wurden, können am langen Zügel zu Höchst-leistungen aus-gebildet werden. Ihre körperliche Kondition und Beweglichkeit sowie die psychische Beanspruchung werden durch die Arbeit am langen Zügel intensiv gefördert. Foto: Angelika Schmelzer

Neben der Bodenarbeit bietet sich bei unreitbaren Pferden das Erlernen von Kunststücken an.

Spezielle Fachliteratur gibt gute Anregungen und Tips zur Ausführung. Wer das Ganze intensiver einüben möchte, kann entsprechende Kurse an Zirkusschulen für Pferde belegen.

Das gemeinsame Joggen mit dem Partner Pferd durch Wald und Flur ist eine schöne Sache und hält beide fit, vorausgesetzt, das Pferd ist körperlich für diese Beanspruchung geeignet und von seinem Temperament her beim Laufen gut zu halten. Pferde, die nur noch im Schritt auf Spaziergänge mitgenommen werden können, eignen sich vielleicht gut als Kinderreitpferd. Es macht den Kindern riesigen Spaß, wenn sie auf einem Pferd reiten dürfen, bzw. spazieren geführt werden. Das Pferd sollte für diese Art der Beschäftigung mit Kindern extrem gelände- und verkehrssicher sein.

Bei Spaziergängen oder beim Joggen ist stets Rücksicht auf andere Fußgänger zu nehmen, die sich vielleicht vor diesen großen Tieren fürchten. Extra ausgeschilderte Fußgängerwege dürfen nicht mit dem Pferd benutzt werden, auch wenn es geführt wird.

Ist ein Pferd wegen Rückenproblemen unreitbar geworden, kann überlegt werden, es zum Kutschpferd um- und ausbilden zu lassen. Bevor sich der

Pferdebesitzer zu diesem Schritt entschließt, sollte vorher mit dem Tierarzt abgeklärt werden, ob es für das Pferd körperlich zu verkraften wäre. Die dann folgende Aus- bzw. Umbildung zum Fahrpferd darf nur von guten Fachleuten ausgeführt werden, die auf die gesundheitlichen Belange des Pferdes Rücksicht nehmen und eine Überforderung erkennen und vermeiden.

Dieses „Eindecken mit Plane" muß ganz behutsam mit dem Pferd geübt werden, bis es zu dieser „Meisterleistung" kommt. Foto: Angelika Schmelzer

GEEIGNETE LEBENSBEDINGUNGEN

Die richtige Unterbringung für unreitbare Pferde

Pferde, die aus gesundheitlichen Gründen nicht mehr geritten werden können, haben ganz andere Ansprüche an ihre Lebensbedingungen als Pferde, die im Turniersport eingesetzt werden.

Ein ausgesprochener Turnierstall ist daher nicht unbedingt die beste Lösung der Unterbringung für diese Pferde. Sicher wird es auf dem Reitplatz zu Problemen kommen, wenn ein Reiter seine Dressurlektionen absolviert und der Besitzer mit seinem unreitbaren Pferd gleichzeitig die Stangenarbeit mit Luftballons und Flatterband üben möchte; Konfliktsituationen sind hier unweigerlich vorprogrammiert. Besser sind solche Pferde mit ihren Besitzern in einem Freizeitreiterstall aufgehoben.

Ein ganztägiger Weidegang ist unbedingte Voraussetzung, um dem Bewegungsbedürfnis unreitbarer Pferde nachzukommen, und ein Spielparcours wird von Freizeitreitern ebenfalls gerne angenommen.

Wenn die Mitglieder einer Freizeitreitergemeinschaft sich einig sind und für die Anschaffungskosten von Stangen, Cavallettis, Pylonen, Plane und Gymnastikball das Geld zusammenlegen, läßt sich das recht kostspielige Zubehör gut finanzieren.

Außerdem macht es viel mehr Spaß, wenn mehrere Pferdehalter die Bodenarbeit gemeinsam ausführen, das spornt gegenseitig an und bringt mehr Abwechslung in die Beschäftigung mit dem nicht mehr reitbaren Pferd. Hin und wieder kann ein kleines, stallinternes Bodenarbeit-Geschicklichkeitsturnier organisiert werden, das mit einem gemeinsamen Grillabend seinen Abschluß findet und die Gemeinschaft fördert.

Diese Freizeitreiterställe haben oft keine Reithalle, was somit einen preiswerteren Pensionspreis mit sich bringt. Trotzdem sollte ein mindestens 15 x 20 m großer Platz für die Bodenarbeit und den Spielparcours zur Verfügung stehen. Im Sommer können die Spiele mit den Pferden auch auf der Weide ausgeübt werden, aber im Winter wird es aufgrund der matschigen Bodenverhältnisse ohne Platz schon recht schwierig. Schöne Spazierwege und eine verkehrsarme Gegend sind für die Bewegung oder das Joggen an der Hand ebenfalls ein wichtiges Kriterium für die Auswahl eines geeigneten Pensionsstalles.

Der Gnadenhof

Wie bereits erwähnt, ist der Umzug eines älteren oder unreitbar gewordenen Pferdes auf einen Gnadenhof nicht immer die pferdegerechteste Lösung. Die psychische und physische Belastung ist enorm, und je älter ein Pferd wird, um so empfindlicher reagiert es auf Veränderungen seiner Gewohnheiten wie Freß-, Ruhe- und Bewegungszeiten. Die neuen Weidegefährten bedeuten in der ersten Zeit viel Streß, da es seine Rangposition in der neuen Herde erst finden muß. In den ersten Tagen wird es sich einsam und alleine fühlen, bis ein neuer Pferdefreund gefunden ist. Während dieser Umstellungsphase ist mit einem Abmagern zu rechnen, hier muß in der ersten Zeit vermehrt Kraftfutter angeboten werden. Aus all diesen Gründen ist eine Umstellung nur dann in Erwägung zu ziehen, wenn folgende Voraussetzungen gegeben und Fragen geklärt sind:

· Die Haltungsbedingungen im alten Stall sind für das Pferd nicht optimal, es hat dort nicht genügend Auslauf und Bewegung, die es zur gesunden Haltung unbedingt braucht. Daher ist ein Umzug auf einen Gnadenhof notwendig, um bessere Lebensbedingungen für das Pferd zu ermöglichen.

· Der Gnadenhof liegt in der Nähe des Wohnortes, so daß mindestens einmal in der Woche ein mehrstündiger Besuch des Pferdes eine feste Regelmäßigkeit sein könnte.

· Die Betreuung durch den bisher bekannten Schmied und Tierarzt ist auch in dem neuen Stall weiterhin möglich, da das Pferd diese Personen kennt und Vertrauen zu ihnen hat.

· Die Größe der Boxen ist entsprechend der Größe des Pferdes ausreichend, und die Belüftung der Stallungen ermöglicht eine ständige Frischluftzufuhr, damit Atemwegserkrankungen gar nicht erst auftreten können. Viel Licht und gitterfreie Boxen sollten für das Wohlbefinden des Pferdes selbstverständlich sein.

· In den Sommermonaten ist ein Weidegang Tag und Nacht, in den Wintermonaten ein mindestens zehnstündiger täglicher Auslauf mit Artgenossen auf großen Flächen selbstverständlich, um den Bewegungsapparat, die Atmungsorgane und den Verdauungsablauf des Pferdes gesund und fit zu halten.

· Im Sommer sind auf den Weiden genügend schattige Plätze für alle Pferde vorhanden, und für ausreichend frisches Trinkwasser wird immer gesorgt.

· Der Weidegang ist besonders in den Wintermonaten den Witterungsverhältnissen angemessen.

· Die Qualität und Zusammensetzung des Kraftfutters, des Futterheus und des Einstreustrohs ist immer wieder zu kontrollieren und gegebenenfalls zu beanstanden. Nur gute Futterqualität garantiert ein gesundes Wohlbefinden des Pferdes.

· Werden Mineral- und andere Futterzusätze nach Wünschen der Pferdebesitzer regelmäßig täglich unter die Futterration gegeben? (Natürlich gegen Aufpreis, oder der Besitzer besorgt die Zusätze selber).

· Gibt es auf dem Hof ausreichend Personal, um die Stallarbeit ordentlich zu erledigen? Ist die tägliche Betreuung des Pferdes in bezug auf medizinische Versorgung gesichert? Sind dies extra zu zahlende Leistungen oder sind sie im Pensionspreis enthalten?

· Werden die Tiere täglich auf Verletzungen und Unwohlsein gründlich kontrolliert oder sind sie mehr oder weniger sich selbst überlassen?

Der regelmäßige Weidegang ist besonders für Pferde, die nicht mehr regelmäßig geritten werden können, für eine gesunde Lebenshaltung unverzichtbar. Foto: Heike Groß

· Wie sind Weiden und Zäune beschaffen? Machen sie einen gepflegten, ordentlichen Eindruck?

· Wird bei der Gruppenzusammenstellung auf der Weide Rücksicht auf Streitereien unter den Pferden genommen und entsprechend umgestellt, um Rangkämpfe, verbunden mit eventuellen Verletzungsgefahren zu vermeiden?

· Ist die Boxenpflege im Winter ausreichend, d. h. wird gründlich gemistet, um den Ammoniakgehalt in der Luft so gering wie möglich zu halten? Das ist ein wichtiger Aspekt in bezug auf Atemwegserkrankungen.

· Wie ist die Einstellung der Vermieter zu den Pferden; sehen sie dies nur als Gelderwerb oder haben sie auch eine verantwortungsbewußte, pferdefreundliche Beziehung zu ihren Pensionsgästen?

· Wer kümmert sich um die regelmäßige Bestellung des Hufschmiedes und die Einhaltung der Wurmkuren? Bleibt das jedem Besitzer selber überlassen oder wird dies vom Stallbesitzer organisiert und durchgeführt?

· Gibt es einen kleinen Reitplatz, wo die alten, aber noch reitbaren Pferde durch leichte Reitarbeit fit gehalten werden können?

· Wie sieht es mit dem Reitgelände aus, wie sind die Wege beschaffen, gibt es Reitverbote?

Ob Pflege, Haltungsart oder Fütterung, alle diese Bereiche sind speziell den Bedürfnissen und Besonderheiten der Pferde anzupassen.

Auf einem so optimal geführten Gnadenhof fühlen sich die Pferdepensionäre wohl und freuen sich, dort ihren Lebensabend genießen zu können. Der Umzug eines in die Tage gekommenen, nicht mehr zu Höchstleistungen fähigen Pferdes aus dem heimatlichen Stall auf einen Gnadenhof gleicht oft einem „Abschieben".

Diese Höfe befinden sich meist in recht abgelegenen Landschaften, da dort die Pacht von Hof und Weiden wesentlich preisgünstiger ist. Damit ist aber schon der erste große Schritt zur Trennung vollzogen.

Kurz nach dem Umzug fährt der Besitzer vielleicht noch mehrmals sein Pferd besuchen, aber die Abstände werden immer größer. Bei schlechtem Wetter und vor allem im Winter wird es noch seltener mit den Besuchen, da wird dann schon überlegt, ob sich die Fahrerei überhaupt lohnt! So wird der Kontakt zu dem einst täglich betreuten, gerittenen und versorgten Pferd immer weniger, das Interesse an ihm immer geringer, denn meist steht schon ein jüngerer, reitbarer Nachfolger im näher gelegenen Stall bereit. Nun muß die knapp bemessene Freizeit, die ehemals einem Pferd zugutekam, auf zwei Pferde aufgeteilt werden.

Aber warum wird das unreitbare oder ältere Pferd überhaupt auf einen Gnadenhof abgeschoben?

Warum beläßt man es nicht in seinem bisherigen Stall
· in vertrauter Umgebung
· bei seinen alten Stallgefährten?

„Einen alten Baum verpflanzt man nicht", lautet ein altes Sprichwort, gerade in bezug auf die Pferdeseele ist da viel Wahres dran.

Pferde empfinden einen Ortswechsel, besonders wenn sie viele Jahre an einem Platz gelebt haben und sich feste Pferdefreundschaften gebildet haben,

Dieser 20 Jahre alte Haflinger-Welsh-Mix "steht nicht gut im Futter". Seine Flanken sind eingefallen, die Schulterknochen stehen hervor, der Bauch wirkt nur durch das Winterfell dick, darunter ist er mager. Eine Unterversorgung mit Futter ist schuld an diesem Zustand. Foto: Heike Groß

als extreme physische und psychische Belastung, die viele Krankheiten zur Folge haben kann. Dieser Umzug ist ja auch oft mit der Trennung von den vertrauten und der Gewöhnung an neue Menschen verbunden, was zusätzlichen psychischen Streß für das Pferd bedeutet.

Sollten finanzielle Gedanken zu der Ansicht führen, ein Gnadenhof wäre für ein nicht mehr voll nutzbares Pferd die preiswertere Lösung?

Dies ist ein absoluter Trugschluß! Ein verantwortungsbewußter, pferdegerecht geführter Gnadenhof kann keine Billigpensionspreise anbieten! Der Futterkostenaufwand steigt im Alter eher an (s. Kapitel „Fütterung", S. 61). Gnadenhöfe, die der Ansicht sind, mit wenig Futtergeld auskommen zu können, sind mit Vorsicht zu betrachten und viele Kontrollbesuche anzuraten (siehe Tabelle „Monatlicher Kostenaufwand für ein älteres Pferd", S. 58). Eine bedarfsgerechte Versorgung hat ihren Preis, darüber sollte sich der Besitzer eines Pferdes bewußt sein. Oftmals ist

es sogar kostengünstiger, das Pferd im alten Stall zu belassen und die notwendigen Pflegemaßnahmen selbst auszuführen.

Je nach Entfernung des Gnadenhofes von der eigenen Wohnung sind die zu fahrenden Kilometer ebenfalls ein wichtiger Gesichtspunkt in bezug auf die Kosten. Schnell kommt da einiges zusammen, von der Wertminderung des Autos einmal abgesehen. Fährt man nur zweimal die Woche (und das sollte ein Minimum sein) zu dem Pferd eine Gesamtstrecke von 50 Kilometern, kommen im Monat 400 Kilometer und ca. 50,- DM Spritkosten zusammen.

Sicher liegen die Gründe für preiswertere Boxenmieten in der billigeren Pacht außerhalb gelegener Höfe und dem Fehlen einer Reithalle, aber der Aufwand in bezug auf Betreuung und Versorgung hebt diese Einsparungen meist wieder auf.

Speziell alte Pferde bedeuten auch mehr Arbeit, täglich ist u.U. medizinische Betreuung in Form von Inhalieren, Bandagieren und Einreiben notwendig, oder andere zeitaufwendige

Pflegemaßnahmen sind erforderlich. Bei mehreren Pferdeveteranen, wo jeder sein kleines Wehwehchen hat, ist das schon ein recht erheblicher Zeitaufwand, der entsprechende Kosten verursacht, was sich im Pensionspreis widerspiegeln wird.

Bei schwerwiegender Erkrankung oder Verletzung muß zwischen Vermieter und Einsteller klar festgelegt werden, wie zu verfahren ist. Soll im Ernstfall sofort der Tierarzt gerufen werden oder erst der Besitzer?

Wer darf über den eventuell schnell zu entscheidenden Tod des Pferdes bestimmen? Dies sollte nach Möglichkeit immer in der Hand des Besitzers bleiben, um Fehlentscheidungen zu verhindern, oder, wenn dieser kurzfristig nicht erreichbar ist, nur vom Tierarzt bestimmt werden.

Regelmäßige Kontrollbesuche zu unerwarteten Zeiten sind immer notwendig, um bösen Überraschungen in bezug auf Nichteinhaltung der schriftlich getroffenen Abmachungen aus dem Wege zu gehen.

Schlecht geführte Gnadenhöfe, von denen es leider noch viel zu viele gibt, versuchen möglichst gutes Geld an den Pferden zu verdienen, aber die Versorgung läßt dann oftmals sehr zu wünschen übrig:

· Die Pferde bekommen zu wenig oder schlechtes Futter ohne Mineralien- und Vitaminzusätze.

· Sie stehen nur in den Boxen und haben keinen ausreichenden Auslauf.

· Die Luft in den Stallungen ist durch unzureichendes Misten schlecht und stickig.

Außerdem ist darauf zu achten, ob in diesen Pensionsställen ein Reitbetrieb nebenher stattfindet, dann könnte es passieren, daß die eingestellten Pensionspferde zu Reitzwecken vermietet werden. Auf einem ordentlich geführten Gnadenhof sind meist auch viele Kinder anzutreffen, die gerne eines der Pferde als Pflegepferd betreuen möchten; das ist eine sinnvolle Lösung, an der alle Beteiligten ihre Freude haben.

Wenn die reiterlichen Fähigkeiten des Pflegekindes schon recht gut sind und der Pferdeveteran noch ein wenig Freude am Gerittenwerden hat, können gelegentliche Reitstunden unter der Aufsicht des Besitzers oder eines anderen Erwachsenen durchgeführt werden. Die Erwachsenen müssen darauf achten, daß die Kinder den Pferdegreisen auch genügend Ruhe zukommen lassen, die sie in ihrem Alter vermehrt benötigen.

Schließlich ist noch zu erwähnen, daß es in jedem Fall anzuraten ist, bei der Einstellung eines Pferdes auf einem Gnadenhof einen schriftlichen Einstellervertrag abzuschließen, in dem alle wesentlichen Punkte genau vorab geklärt werden. So erspart man sich bei späteren Problemen unnötigen Ärger. Unklarheiten betreffs der Versorgung werden so vorab aus dem Weg geräumt.

Welche Punkte müssen unbedingt in einen Einstellervertrag mit einem Gnadenhof aufgenommen werden?

1. Auslauf: wann, wieviel und wo (Weide, Paddock).

2. Menge der Kraftfutterration (Sommer- und Winterfütterung beachten).

3. Welche Futterzusätze (Mineralien, Vitamine, Kräuter) stellt der Vermieter oder Besitzer?

4. Wer kümmert sich um die Besorgung von Hufschmied, Tierarzt (Wurmkuren, Impfungen)?

5. Wie oft werden die Boxen im Sommer/Winter gemistet?

6. Wie ist die Weidezeit im Sommer aufgeteilt (Tag- und Nacht-Weidegang)?

7. Ist auch im Winter ein ausreichender Auslauf (zehn Stunden täglich) gewährleistet?

8. Wie oft wird am Tag zu welchen festen Zeiten gefüttert, wer füttert?

Checkliste für den Gnadenhof -Vergleichstest

(Zutreffendes ankreuzen)	Gnadenhof Nr. 1 Name:		Gnadenhof Nr. 2 Name:		Gnadenhof Nr. 3 Name:	
1. Ganztägiger Auslauf						
Sommer	Ja	Nein	Ja	Nein	Ja	Nein
Winter	Ja	Nein	Ja	Nein	Ja	Nein
2. Weiden mit Schatten	Ja	Nein	Ja	Nein	Ja	Nein
3. Weiden mit Wasser	Ja	Nein	Ja	Nein	Ja	Nein
4. Wie oft am Tag wird gefüttert ?	[ ]		[ ]		[ ]	
5. Qualität des Futters	gut · mittel · schlecht		gut · mittel · schlecht		gut · mittel · schlecht	
6. Gibt es Mineral- und Vitaminzusatzfutter?	Ja	Nein	Ja	Nein	Ja	Nein
7. Ist medizinische Betreuung möglich?	Ja	Nein	Ja	Nein	Ja	Nein
8. Ist ein Reitplatz vorhanden?	Ja	Nein	Ja	Nein	Ja	Nein
9. Beschaffenheit der Reitwege?	steile · gerade Wege steinige · sandige Wege		steile · gerade Wege steinige · sandige Wege		steile · gerade Wege steinige · sandige Wege	
10. Wie oft wird in der Woche gemistet?	1 · 2 · 3 · 5 · 7		1 · 2 · 3 · 5 · 7		1 · 2 · 3 · 5 · 7	
11. Art der Boxen	Außenbox [ ] Innenbox [ ]		Außenbox [ ] Innenbox [ ]		Außenbox [ ] Innenbox [ ]	
12. Tägliche Gesundheitskontrolle?	Ja	Nein	Ja	Nein	Ja	Nein
13. Entfernung zum Wohnort?	[ ] km		[ ] km		[ ] km	
14. Übernahme bisherigen Tierarztes möglich?	Ja	Nein	Ja	Nein	Ja	Nein
15. Ausreichend Personal für Pflegearbeiten da?	Ja	Nein	Ja	Nein	Ja	Nein
16. Vollpensionspreis	[ ] DM		[ ] DM		[ ] DM	

Vorschlag für einen Einstellvertrag auf einem Gnadenhof

Vermieter   Einsteller

Name: _____   Name: _____

Straße: _____   Straße: _____

PLZ / Ort: _____   PLZ / Ort: _____

Telefon: _____   Telefon: _____

Name und Beschreibung des Pferdes: _____

Besondere Merkmale/Angewohnheiten: _____

Besondere Fütterungsbedingungen: _____

Medikamentenverabreichung: _____

Täglich notwendige Betreuung/Pflege: _____

Im Notfall Besitzer zu erreichen unter Telefon: Priv: _____ Büro: _____

Behandelnder Tierarzt: _____

Hufschmied: _____

Tägl. Futtersorte, - zusammensetzung, -menge: _____

_____

Tägl. Mineral-Vitaminzusatzfütterung: _____

Tägl. Auslauf- Weidezeit im Sommer und Winter: _____

Tägl. Boxenpflege / Einstreu: _____

Tägl. Kontrolle Gesundheitszustand / Wohlbefinden: _____

Kontrolle Impfung / Hufe übernimmt wer?: _____

Monatliche Boxenmiete beträgt: _____

Zusätzliche Kosten für: _____

Monatliche Gesamtkosten in bar/Scheck/Überweisung: _____

-     -
Datum, Ort Unterschrift Vermieter   Datum, Ort Unterschrift Einsteller

9. Ist auf den Weiden immer ausreichendes, frisches Wasser und ein Unterstand für alle Pferde vorhanden?
10. Ist jemand auf dem Hof, der eventuell eine täglich anfallende medizinische Betreuung übernehmen kann?
11. Darf der Besitzer zu jeder angemessenen Tageszeit sein Pferd besuchen?
12. Gibt es für alle Pferde dieselbe Futtersorte / -menge oder ist eine individuelle Fütterung möglich? Wenn man seinen Pferdefreund auf einem Gnadenhof gut versorgt wissen will, sollten diese Punkte alle sorgfältig bedacht werden. Sie sind ein Minimum an verantwortungsbewußter und artgerechter Pferdehaltung für Pensionäre. Leider gibt es immer wieder „schwarze Schafe" unter den Gnadenhöfen, daher ist Vorsicht und Kontrolle anzuraten.

Gerne werden alte Ponys als „billige" Beistellponys gesucht. Daß sie aber besonders nahrhaftes Futter mit Vitaminzusätzen und eventuell medizinische Betreuung benötigen, wird häufig vergessen. Dann entpuppt sich die billige Lösung unerwartet als teurer Beistellposten. Foto: Heike Groß

Vorsicht bei Abgabe gegen Schutzvertrag

Auf keinen Fall dürfen unreitbare oder ältere Pferde an unbekannte Personen verschenkt oder ihnen überlassen werden. Mündliche Zusagen oder Absprachen haben keine Rechtsgültigkeit, Schutzverträge bieten eine kleine Sicherheit.

Um eine rechtsgültige Absicherung zu schaffen, müßte ein notarieller Vertrag aufgesetzt werden, was entsprechend hohe Kosten verursacht.

Gibt man ein Pferd nur aufgrund mündlicher Absprachen aus der Hand, ist jegliche Eingriffs- und Entscheidungsmöglichkeit für sein weiteres Leben und Wohlbefinden ausgeschaltet.

Es hat leider schon verschiedene Fälle gegeben, in denen Pferdebesitzer im guten Glauben ihr Pferd an „pferdeliebe Menschen" verschenkt haben, wo es „nur" als Beistellpferd einen schönen Lebensabend genießen sollte. Wenn die ehemaligen Besitzer ihr Pferd nach einiger Zeit mal besuchen wollten, war es nicht mehr da! Laut Aussage der neuen Besitzer sei es kurzfristig so schwer erkrankt, daß es getötet werden mußte.

Später stellt sich durch Zufall heraus, daß dieses Pferd für gutes Geld an einen Pferdehändler oder Metzger verkauft wurde.

Daher NIE einen nur obligatorischen Wert von 1,- DM als Kaufpreis für ein Pferd verlangen, sondern mindestens den Schlachtpreis plus einer Schutzgebühr in Höhe von 500,- DM.

So „lohnt" sich für den neuen Besitzer der Erwerb keineswegs, wenn er vorhatte, das Pferd für wenig Geld einzukaufen und anschließend mit Gewinn an den Händler oder Metzger abzugeben.

Ein entsprechender (notarieller) Schutzvertrag kann dies verhindern. Vorsicht ist vor allem dann geboten, wenn zukünftige Besitzer so einen

Schutzvertrag als „unnötig" ablehnen. Wer nur Gutes mit dem Pferd im Sinne hat, wird solch einen Vertrag akzeptieren.

Gibt der Pferdebesitzer sein Pferd mit allen Rechten aus der Hand, hat er auf die spätere Verwendung keinen Einfluß mehr, und dem Pferderentner steht ein ungewisses Schicksal bevor.

Möchte jemand ein sogenanntes unreitbares Beistell- oder Gesellschaftspferd möglichst umsonst oder sehr billig erwerben, kommt die Frage auf, ob ihn die ordnungsgemäße Versorgung des Pferdes, betreffend Futter, Mineralien, Tierarzt, Hufschmied etc. ebenfalls möglichst wenig kosten soll.

In diesem Fall wären bei diesem neuen Besitzer keine guten Voraussetzungen für einen pferdegerechten Lebensabend gegeben, er würde sicher an den erforderlichen Futter- und Haltungskosten sparen wollen, wenn er schon für die Anschaffung nicht genügend Geld bereithält. Im Gegenteil, wer gerade ein älteres Beistell- oder Gesellschaftspferd zu sich holen möchte, muß mit einem höheren Kostenaufwand im Unterhalt und Tierarztkosten rechnen, ohne dabei einen großen „Nutzen" als „Reitpferd" erwarten zu können.

Außerdem ist es fraglich, ob sich das Pferd als sogenanntes Beistellpferd, auch wenn es gute Futter- und Haltungsbedingungen antrifft, überhaupt wohl fühlt. Wenn es nur zur Gesellschaft eines anderen Pferdes angeschafft wurde, ansonsten keine Zuwendung oder Beschäftigung bekommt und nicht geritten wird, kann es ein trister und langweiliger Pferdelebensabend für es werden.

Vorschlag für einen Abgabe- oder Schutzvertrag
für ein unreitbares oder älteres Pferd

Ehemaliger Pferdebesitzer   Zukünftiger Pferdehalter

Name: _____   Name: _____
Straße: _____   Straße: _____
PLZ/Ort: _____   PLZ/Ort: _____
Telefon: _____   Telefon: _____

Name und Beschreibung des Pferdes (Name-Rasse-Alter-Farbe-Abzeichen-bes.Kennz.):
_____

Das o.g. Pferd geht nach der Zahlung einer Schutzgebühr in Höhe von
_____

an den zukünftigen Pferdehalter über.

Der neue Halter verpflichtet sich, das Pferd artgerecht mit viel Auslauf unterzubringen, bedarfs-gerecht zu füttern, seinen physischen und psychischen Ansprüchen bis zu seinem Tod nach Tier-schutzrichtlinien zu genügen und bei Krankheit oder Unfall für die notwendige Pflege zu sor-gen. Kosten für Unterhalt, Schmied, Tierarzt, Versicherung, usw. werden von dem neuen Besit-zer komplett übernommen. Im Sinne des Gesetzes wird der neue Pferdehalter ab Übergabe auch der Tierhalter für das Pferd.

Nachstehende Absprachen sind im Sinne und Nutzen des Pferdes unbedingt einzuhalten, das Pferd darf seinem Zustand entsprechend für folgende Zwecke verwendet werden:
Reitarbeit - Kutschfahrten - Turnierteilnahme - Springen - Voltigieren - Zucht - Vermietung.

Nichtgewünschte Zwecke sind deutlich durchzustreichen, zusätzliche Vereinbarungen müssen schriftlich hinzugefügt werden.
Zusätzliche Vereinbarungen: _____
_____

Der ehemalige Besitzer darf das Pferd nach vorheriger Absprache besuchen. Stellt er in bezug auf die Gesundheit, Haltung etc. Mängel bzw. die Nichteinhaltung des Vertrages fest, kann er die Rückgabe des Pferdes fordern.
Ist eine Nottötung kurzfristig zwingend erforderlich, muß der ehemalige Besitzer sofort verstän-digt werden. Ist er mit der Tötung nicht einverstanden, kann er das Pferd zurück in seinen Besitz nehmen. Konnte er nicht rechtzeitig verständigt werden, muß ihm von dem neuen Halter eine tierärztliche Bescheinigung vorgelegt werden, aus der hervorgeht, daß die Tötung dringend erforderlich war, um das Pferd von seinen Leiden zu erlösen.
Der Vertrag kann von beiden Seiten mit einer Frist von vier Wochen gekündigt werden.

_____
Ort und Datum

_____   _____
Ehemaliger Besitzer   **Neuer Pferdehalter**

Monatlicher Kostenaufwand für ein Pferd

Wie schon erwähnt, ist die Haltung eines Pferdes nicht gerade billig, der Kostenaufwand speziell für ältere Pferde im Vergleich zu einem jungen, gesunden Pferd kann erheblich höher werden.

Vorsicht ist geboten bei sogenannten Altersweiden, wo die Unterkunft alter Pferde sehr preiswert angeboten wird. Hier fehlt es unter Umständen an sach- und fachgerechter Betreuung. Wer meint, mit dem Anmieten eines Ständers im Pensionsstall billiger wegzukommen, wird das Gesparte bald in Tierarztkosten umsetzen können, denn Ständerhaltung macht krank, ganz besonders ältere Pferde.

Dieser Berechnung können nur Durchschnittswerte zugrunde gelegt werden, da die Pensionspreise von Region zu Region unterschiedlich sind und Krankheitskosten nie fest kalkulierbar sind. Auch hat der Besitzer die Möglichkeit, unzählige zusätzliche Futtermittel oder Aufbaupräparate anzuwenden. Hier werden nur die wirklich nötigen Grundfuttermittel, Mineral-, Vitamin- und Kräuterzusätze berücksichtigt.

Die folgende Tabelle zeigt, welche monatlichen notwendigen Kosten für die Haltung eines Pferdes anfallen:

Im Durchschnitt sind es mindestens 500,- DM an monatlichen Kosten (bei unvorhergesehener Krankheit ist damit zu rechnen, daß diese Summe eher noch überschritten wird), die für ein Pferd bei ordnungsgemäßer Versorgung anfallen.

Größere Tierarztkosten sind hier nicht berücksichtigt.

Dies ist ein ganz enormer Kostenaufwand für ein Pferd, das nur eingeschränkt oder vielleicht gar nicht mehr reitbar ist.

Oftmals ist es vielen Pferdebesitzern bei diesen monatlichen Kosten nicht möglich, neben einem jungen, reitbaren Pferd die Mehrkosten für einen Pferderentner aufzubringen.

Wer einen langen Lebensabend seines Pferdes unter kostengünstigen, aber entsprechend unzureichenden Haltungsbedingungen in Kauf nimmt, handelt nur in vermeintlicher Tierliebe. Kann ein Pferdebesitzer sich eine art- und altersgerechte Versorgung seines Pferdes unter keinen Umständen leisten, ist es die bessere Lösung, einen schnellen und fairen Tod des Pferdes in Erwägung zu ziehen.

Unfair dagegen ist es, das Pferd aus Kostengründen „billig" unterzustellen und damit die Folgen von Erkrankungen, Abmagerung und allgemeiner Verwahrlosung in Kauf zu nehmen.

Stallmiete einschließlich Heu, Stroh und Misten	200,- / 350,- DM
Grundfutterkosten bei täglich 3 kg gutem Mischfutter	100,- DM
Kosten für Mineral- und Vitaminfutter bei 150 g täglicher Gabe	15,- DM
1 kg Kräuterfutter	40,- DM
Hufschmied, Schnitt / Beschlag	20,- / 60,- DM
Tierarztkosten, geschätzt, ohne schwerwiegende Erkrankungen	40,- DM
Zubehör (Putzzeug, Fliegenlotion, Bandagen, Äpfel, Möhren etc.)	30,- DM

Zusätzlicher jährlicher Kostenaufwand

Zu den laufenden monatlichen Kosten kommen über das Jahr hinweg weitere feste Kosten. Dazu gehören Impfungen, Wurmkuren und Zahnkontrolle, die für den Erhalt einer stabilen Gesundheit unverzichtbar sind. Eine Haftpflichtversicherung ist ebenfalls ein Muß für einen verantwortungsbewußten Pferdebesitzer. Selbst wenn das Pferd ruhig und gehorsam ist und nicht mehr im Gelände geritten wird, gibt es unzählige Fälle, in denen eine Haftpflichtversicherung benötigt wird, etwa wenn es andere Pferde auf der Weide verletzt, wenn Kinder oder fremde Reiter durch das Pferd beim Reiten oder Pflegen verletzt oder Sachen beschädigt werden, usw.

So kommen durchschnittlich im Monat nochmals ca. 70,- DM an Unterhaltskosten zu den regelmäßigen Belastungen hinzu.

In diesen beiden Berechnungen können die eventuellen Tierarztkosten nicht berücksichtigt werden. Sie sind individuell verschieden und treten unvorhergesehen auf. Die Dauer, Art und Kostenintensität einer Tierarztbehandlung ist von dem eingetretenen Krankheitsfall abhängig, ein leichter Husten ist schneller abgehandelt als eine schwere Sehnen- oder Knochenverletzung.

Impfungen:		
zweimal jährlich Resequin	ca.	200,- DM
einmal jährl. Tetanus/Tollwut	ca.	80,- DM
zweimal jährlich Zahnkontrolle	ca.	100,- DM
viermal jährlich Wurmkur	ca.	120,- DM
Haftpflichtversicherung, je nach Anbieter zwischen	250,- und	400,- DM
gesamt:	ca. 800,- /	900,- DM

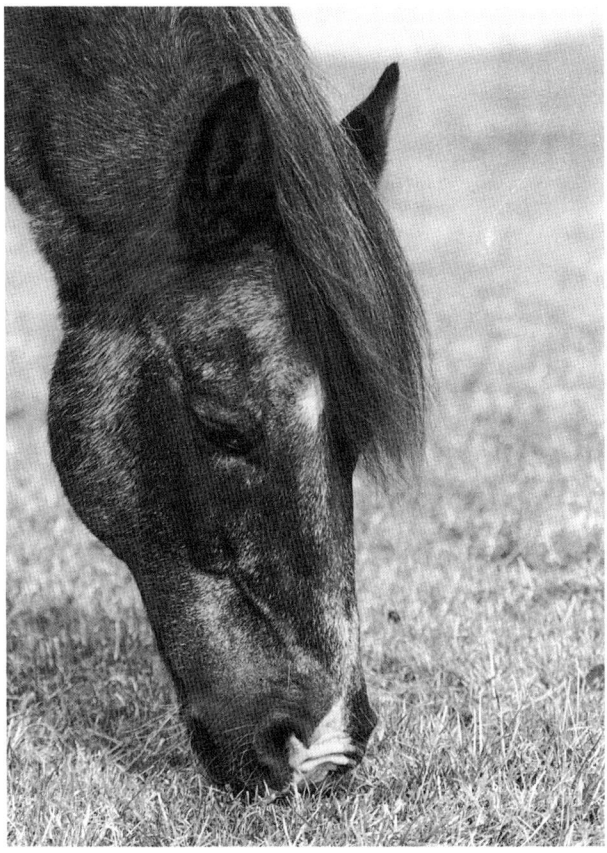

heute notwendige Grundlage einer gesunden Pferdekost. Und speziell bei alten Pferden gibt es die Möglichkeit, den Organismus mit der entsprechenden Futtermittelzusammenstellung und ausgewählten Kräutern zu unterstützen und fit zu halten. Eine optimale Futterration, versehen mit Kräutern, Vitaminen, Mineralien und verschiedenen Getreidesorten kostet aber auch entsprechend mehr Geld im monatlichen Unterhalt des Pferderentners.

Futterration für Pferde im Erhaltungsmodus

Pferde, die keine Leistungen mehr in Form des Gerittenwerdens erbringen, dürfen Futterrationen nur in der Menge ihres Erhaltungsbedarfs angeboten bekommen. Überfütterung macht dick, belastet den Organismus und macht somit auf Dauer die Pferde krank. Der Weidegang muß vor allem bei Robustpferderassen sorgfältig dosiert werden, die Kraftfutterration ist zu dieser Zeit sehr reduziert, sie dient hauptsächlich als Grundlage für eine ausgewogene Mineralfutterbeigabe. Während der kalten Jahreszeit muß die Kraftfuttermenge entsprechend des erhöhten Energiebedarfs zur Erhaltung der Körpertemperatur angereichert werden. Das Rauhfutter sollte den Hauptanteil der Futtermenge ausmachen, ein Gemisch aus Heu und Stroh (3:1) ist anzuraten.

Ponys und Kleinpferden gibt man zwischen 200 g und 1 kg Kraftfutter, wobei Mischfutter mit hohem Kräuteranteil zu bevorzugen sind. Großpferde erhalten je nach Größe und Gewicht eine Menge von 1 kg bis

Auch wenn es noch so schmeckt, der Weidegang muß gerade bei Robustpferden gut eingeteilt werden, damit es nicht zu einer Überfütterung mit gesundheitlichen Schäden kommt.
Foto: Heike Groß

DIE RICHTIGE FÜTTERUNG HÄLT PFERDE GESUND

„Wenn das Pferd tot ist, kommt der Hafer zu spät"

Was art- und bedarfsgerechte Fütterung betrifft, zeichnet sich in den letzten Jahren eine sehr positive Entwicklung ab. Mittlerweile ist fast jedem Pferdebesitzer klargeworden, daß eine reine Heu- und Haferfütterung keineswegs zur gesunden Haltung eines Pferdes ausreicht. Abwechslungsreiches Futter, versehen mit einer optimalen Vitamin- und Mineralmischung, ist

maximal 2 kg. Aber auch hier gilt: Das Auge füttert stets mit, daher sind die Futtermengen individuell zu variieren.

Fütterung von alten Pferden

Im fortschreitenden Alter reduzieren sich die Körperfunktionen allmählich, und der Organismus kann die Nährstoffe nicht mehr so vollständig verwerten, wie es in jungen Jahren der Fall war.

Eine dreimalige Fütterung am Tag ist für den Körper weniger belastend und leichter zu verarbeiten als eine große Portion Kraftfutter einmal täglich.

Ist ein altes Pferd aufgrund schlechter Zahnsubstanz nicht mehr in der Lage, die täglich notwendigen Heumengen für den Erhaltungsbedarf seines Körpers aufzunehmen, kann mit aufgeweichten Heucobs (Heu in Pelletsform gepreßt) geholfen werden. Dieser Brei wird von den Pferden mühelos aufgenommen. Im Winter ist aber unbedingt darauf zu achten, daß die Breimasse nicht zu kalt oder gar in gefrorenem Zustand verfüttert wird. Hierbei kann es zu schweren Magenverstimmungen oder Koliken kommen. Lieber den Brei ein bißchen wärmer als zu kalt verabreichen. Als geeignete Menge empfiehlt sich eine Futterration von 1 kg Heucobs (nicht eingeweichter Zustand) pro 100 kg Lebendgewicht.

Bei der Auswahl des Futterheus für ältere Pferde ist der zweite Schnitt zu bevorzugen, da er in der Struktur weicher und leichter zu kauen ist als die erste Heuernte im Jahr. Für alle Bereiche im Pferdesport gibt es unzählige Futtersorten; Energie- und Leistungsfutter für Turnierpferde, Fohlenwachstumsfutter, Futter für Zuchtstuten und Deckhengste, aber für die alten Pferdeveteranen gibt es kein spezielles Futtermittel.

Die Frage nach geeigneten Futtermitteln für ältere Pferde beim ortsansässigen Futtermittelhändler bleibt daher oft sehr unbefriedigend beantwortet. Woher sollen die Händler etwas darüber wissen, wenn die Futtermittelhersteller zu diesem Thema nichts anzubieten haben?

Wäre das nicht mal ein Vorschlag an die Pferdefutterhersteller, da etwas Geeignetes auf den Markt zu bringen? Ein Futter, das leicht verdaulich, auch mit alten Zähnen gut zerkaubar und reich an Kräutern und Vitaminen und mit angepaßtem Energiegehalt versehen ist. Haben es unsere „Alten" nicht verdient, auch ihr eigenes „Spezialrentnerfutter" zu bekommen?

Um eine geeignete Futterration für ein älteres Pferd zusammenzustellen, ist ein reichhaltiges Wissen über Pferdefütterung und Verdauung notwendig. Einfach dem alten Pferd mal eben etwas mehr Futter und etwas mehr Mineralien und Vitamine zu geben, ist nicht ausreichend.

Zusätzliche Präparate, die Alterserscheinungen vorbeugen oder vorhandene lindern, sind je nach Bedarf beizufügen. Zusätzliche, speziell zusammengestellte Kräutermischungen sind ebenfalls eine sinnvolle und wichtige Futterbeigabe für Pferdeveteranen. Alte Pferde brauchen besonders energiereiches Futter, aber der Eiweißanteil darf nicht so hoch sein, da es für viele alte Pferde zu schwer verdaulich ist. Werden diese Ansprüche in der Futterzusammenstellung berücksichtigt,

Dieses schon recht betagte Shetlandpony braucht eine für seine Bedürfnisse speziell zusammengestellte Futterration.
Foto:
Angelika Schmelzer

kann der im Alter langsam, aber stetig abbauende Organismus länger aufrecht- und funktionstüchtig erhalten werden. Je mehr Aufmerksamkeit und Beachtung der Futterzusammenstellung geschenkt wird, desto gesünder und lebensfreudiger bleiben die Pferderentner. Eine intakte Verdauung ist Voraussetzung für eine ausreichende Aufnahme der Nähr-, Mineral- und Vitaminstoffe in den Stoffwechselkreislauf. Der Verdauungsvorgang beginnt bereits im Maul, während der Zerkleinerung und Einspeichelung der Futtermittel.

Im Magen werden die leicht löslichen Kohlehydrate (Zucker/Stärke) abgebaut. Eine intensive Einspeichelung der Nahrung unterstützt diesen Vorgang. Daher ist darauf zu achten, daß die Pferde die Nahrung lang genug kauen und nicht hastig herunterschlingen. Anschließend erfolgt die Eiweißaufspaltung der Nahrung im Verdauungstrakt. Ist das Futter in kleinste Bausteine zerlegt, gelangen die Nährstoffe über die Darmwand in den Blutkreislauf, der diese wiederum an den gesamten Organismus weitergibt. Tritt nun in einem dieser vielen ineinandergreifenden Prozesse der Verdauung eine Störung auf, ist die ausreichende Versorgung mit Nähr- und Mineralstoffen nicht mehr gegeben. Daher ist es wichtig, der Futterration Zusätze beizumengen, die den Verdauungsvorgang unterstützen und eventuellen Problemen vorbeugen.

Somit wird das Wohlbefinden und die Gesundheit des alten Pferdes aufrechterhalten. Zu diesen Futterzusätzen gehören u. a. die Mash, der Leinsamen und Yea-Sacc Hefekulturen. Neben diesen Zusatzmitteln muß dem Pferd stets ein Salzleckstein zur Verfügung stehen.

Werte einer bedarfsgerechten Fütterung für Pferde im Rentenalter

Tabelle I empfiehlt sich bei Pferderentnern, die nicht mehr geritten werden, sondern nur noch auf der Weide stehen und gelegentlich zu einem Spaziergang mitgenommen werden.

Tabelle II enthält Ernährungswerte für Pferde, die täglich zu einer leichten Reitarbeit herangezogen werden.

Tabelle I

Pferdegewicht:	600 kg	500 kg	400 kg	300 kg
Trockensubstanz in kg	12	10	8	6
Rohfaser in kg	3,0	2,5	2,0	1,5
Rohproteine in g	360-380	320-345	270-305	215-230
Verdauliche Energie MJ	73	64	54	43
Calcium in g	27,0	25,0	18,0	13,0
Phosphor in g	15,0	13,0	10,0	7,5
Natrium in g	14,0	12,0	9,0	7,5

Tabelle II

Pferdegewicht:	600 kg	500 kg	400 kg	300 kg
Trockensubstanz in kg	12	10	8	6
Rohfaser in kg	3,0	2,5	2,0	1,5
Rohproteine in g	410-430	320-380	310-355	230-270
Verdauliche Energie MJ	87	75	61	49
Calcium in g	29,0	27,0	19,0	14,0
Phosphor in g	17,0	15,0	12,0	8,7
Natrium in g	33,0	30,0	24,0	18,5

Eiweiß- und Energiegehalt im Futter

Eiweiße (Proteine) bestehen aus unterschiedlichen Aminosäuren und sind ein wichtiger Bestandteil der Pferdefütterung.

Ihre Aufgabe liegt im Aufbau und Erhalt von Bindegewebe, Muskeln, Organen und in der Herstellung von Verdauungssäften.

Enthält die Kraftfutterration einen zu hohen Eiweißgehalt, wirkt sich dies besonders für den alternden Organismus sehr belastend auf die Nieren- und Leberfunktion aus, es entsteht eine Überbeanspruchung der Organe im Bereich der Eiweißverwertung.

Es ist daher dringend anzuraten, die angegebenen Bedarfswerte nicht zu überschreiten.

Folgende Tabelle gibt Aufschluß darüber, wie hoch der Eiweißgehalt in Gramm in den einzelnen Futtermitteln ist.

Diese Angaben beziehen sich auf ein kg/Liter Futtermittel.

· 1 Liter Pflanzenöl	0	g
· Leinsamen	172	g
· Roggen-,	74	g
Hafer-,	85	g
und Weizenkörner	87	g
· Stroh	7-10	g
· Heu im Durchschnitt	60	g
· Gras im Durchschnitt	20-30	g
· Pferdemischfutter		
im Durchschnitt	80-90	g

Der Energiegehalt ist zur Erhaltung der Körperfunktionen wie Körpertemperatur, Organtätigkeit und Gewebebildung nötig.

Speziell während der Winterzeit ist eine erhöhte Energiezufuhr über die tägliche Futterration notwendig, damit die Körpertemperatur auf dem gleichmäßigen Niveau gehalten werden kann.

Folgende Tabelle gibt Aufschluß darüber, welche Energiewerte (VEMJ = Verdauliche Energie in Megajoule) die einzelnen Futtermittel aufweisen.

Die Angaben beziehen sich auf ein kg/Liter Futtermittel.

· 1 Liter Pflanzenöl	35	VEMJ
· Leinsamen	16	VEMJ
· Roggen-, Hafer-		
und Weizenkörner	12 - 15	VEMJ
· Stroh	5	VEMJ
· Heu	7 - 9	VEMJ
· Gras	2 - 3	VEMJ
· Pferdemischfutter		
im Durchschnitt	10 - 12	VEMJ

Anhand dieser Werte kann der Energiegehalt einer Kraftfutterration selber bestimmt werden.

Da in den Wintermonaten eine erhöhte Energiezufuhr notwendig ist, der Eiweißgehalt aber nicht gleichzeitig ansteigen darf, kann diese mit einer zusätzlichen Gabe Pflanzenöl in die Kraftfutterration erreicht werden, da es einen besonders hohen Energiegehalt, aber kein Eiweiß enthält.

Werden bei der täglichen Futterzusammenstellung diese Werte in bezug auf Eiweiß und Energie berücksichtigt, kann ein optimaler Pferdespeiseplan erstellt werden. Sicher wird es nicht immer aufs Gramm genau hinkommen, aber eine annähernde Einhaltung der Werte ist für eine gesunde Fütterung anzustreben.

Tips zur Fütterung

Der Pferdemagen ist im Verhältnis zu der Gesamtgröße des Pferdes recht klein, daher ist es für den Verdauungsvorgang entlastender, wenn er täglich mehrere kleinere Futterrationen zu bearbeiten hat und nicht eine Riesenportion auf einmal bekommt.

Optimal wären bis zu drei Fütterungen am Tag.

Damit der Futterbrei nicht zu fest und klumpig in den Magen gelangt, muß dem Pferd bei der Aufnahme seiner Futterration immer ausreichend frisches Wasser zur Verfügung stehen.

Es ist selbstverständlich, daß das Futter nur von bester Qualität, d. h. staubfrei und frisch (nicht überlagert) sein muß. Schimmeliges Futter gehört schon gar nicht in die Pferdefütterung, da es schwere Koliken verursachen kann.

Geplante Futtersortenwechsel müssen über einen Zeitraum von mindestens einer Woche vorgenommen werden, da besonders ältere Pferde auf eine Umstellung sehr empfindlich reagieren.

Nach dem Füttern ist immer eine zweistündige Ruhezeit einzuhalten, damit die Verdauungsvorgänge ungestört arbeiten können.

Je tiefer der Futtertrog angebracht wird, desto weniger wird das Pferd in seiner Schluckbewegung behindert. Heu ist immer vom Boden aus zu füttern, Heuraufen sind ungeeignet. Sie erzwingen eine unnatürliche Körperhaltung beim Fressen, Heu- und Staubteilchen gelangen in Augen, Nase und Atemwege.

Dadurch können im zunehmenden Alter vermehrt Heuallergien auftreten. Sind Staub- und Heuallergien bereits vorhanden, ist es notwendig, das Heu vor dem Füttern in Wasser einzuweichen und so die feinen Staubpartikelchen zu binden.

Während der Verteilung der Heurationen in den Boxen sollten keine Heuallergiker-Pferde im Stall sein, um den Staub nicht einatmen zu müssen.

Der Wasserhaushalt im Pferdeorganismus spielt eine bedeutende Rolle bei den Muskelaktivitäten sowie für die Elastizität von Bändern und Sehnen.

Entsteht eine Wasserunterversorgung, kann es in der Muskulatur zu einer Übersäuerung verbunden mit Muskeldefekten kommen.

Unzureichende Versorgung mit Flüssigkeit erhöht die Belastung der Nierentätigkeit, was im Extremfall zu einem kompletten Nierenversagen führen kann.

Bei aller Sorgfalt und Auswahl geeigneter Futtermittel darf es nie zu einer Überfütterung kommen. Zuviel Speck ist für den Pferdeorganismus eher belastend als gesund.

Ist ein Pferd übermäßig fett, liegt eine Fehlernährung vor, die oft von falsch verstandener Tierliebe herrührt.

Wer meint, lieber ein bißchen mehr als zu wenig füttern zu müssen, handelt nicht im Sinne der Pferdegesundheit. Die heute angebotenen, über den Computer berechneten Futterpläne können auch nicht immer als das Nonplusultra angesehen werden.

Individuelle Eigenschaften sind stets zu berücksichtigen, das optische Erscheinungsbild eines Pferdes muß in die Berechnung mit einbezogen werden.

Pferde, die zuviel energiehaltiges Futter zugeteilt bekommen, aber nicht

Der Stoffwechsel älterer Pferde reduziert sich in fortschreitendem Alter, die Nahrung wird nicht mehr vollständig verwertet. Daher sollte mehrmals täglich gefüttert und ein Ergänzungsfuttermittel beigemischt werden. Diese Zusatzstoffe helfen dem Organismus das Pferd in einer guten körperlichen Verfassung zu halten.
Foto:
Angelika Schmelzer

meinschaft gemeinsam solch ein Fütterungsprogramm anschafft. Es kann immer wieder neue Berechnungen anfertigen, wenn z. B. durch Krankheit eine geringere Kraftfutterration erforderlich ist.

Oder bei Futtersortenwechsel kann der Pferdebesitzer durch diese Programme genauer erfahren, wieviel er seinem Pferderentner füttern muß.

Bei der Umstellung von Weide- auf Winterfütterung können ebenfalls genaue Angaben zur Rauh- und Kraftfuttermenge abgefragt werden, um so einen Eiweiß- oder Energieüberschuß zu vermeiden. Bedarfsgerechte Futtermengen sind für die gesunde Haltung des Pferdeveteranen unabdingbar.

entsprechend beansprucht werden, setzen die unverbrauchte Energie als unnötige, ja schädliche Speckschicht an. In den letzten Jahren sind ständig verbesserte Computerprogramme für eine individuelle Futterberechnung auf den Markt gekommen.

Sie werden von verschiedenen Futtermittelherstellern angeboten. Pferdebesitzer, die sich in der Rationsgestaltung nicht so gut auskennen, finden mit diesen Programmen Unterstützung.

Je aufwendiger diese Programme gestaltet sind, desto genauer kann ein zufriedenstellendes Ergebnis erzielt werden. Von der finanziellen Seite her rechnet es sich, wenn sich eine Stallge-

Wertvolle Zusatzfuttermittel für Pferderentner

Die Mash

Gerade bei dem Speiseplan für ältere Pferde ist es ratsam, bis zu dreimal wöchentlich eine Mash-Fütterung zusätzlich zu der normalen Kraftfutterration hinzuzufügen.

Dies ist besonders während der kalten Wintermonate anzuraten.

Besteht im Sommer ein Tag- und Nachtweidegang auf guten, futterreichen Wiesen, kann in dieser Zeit die Mash-Fütterung auf einmal wöchentlich reduziert werden.

Die Mash, ein diätetisches Futtermittel, wird als fertige Mischung von verschiedenen Herstellern angeboten, kann aber nach folgenden Rezepten leicht selbst zubereitet werden.

Mash wird von den Pferden immer sehr gerne gefressen, sie ist schmackhaft und gut verdaulich. In noch lauwarmem Zustand (Vorsicht, gut umrühren, der Brei kann in der Mitte noch recht heiß sein!) wird dieser Futterbrei dem Pferd in den Futtertrog gegeben, warm mögen ihn die Pferde besonders gerne.

Der Vorteil bei der Mash liegt in ihrer leichten Verdaulichkeit und ihren gehaltvollen Inhaltsstoffen.

Sie hilft schwerfuttrigen Pferden, ihren Körper fit und kräftig zu halten, ist also genau das Richtige für den Pferderentner.

Der Appetit wird angeregt sowie der Verdauungsvorgang und der Stoffwechselkreislauf unterstützt. Der Organismus wird mit leicht verwertbaren, bekömmlichen Nährstoffen versorgt.

Die Darmschleimhaut wird geschont und eine ausgewogene Darmflora erhalten.

Die Mash bewährt sich speziell bei Kauproblemen durch Zahnabnutzungen und bei Verdauungsschwächen, bzw. -störungen im Alter.

Der Körper wird so mit leicht verwertbaren und bekömmlichen Nährstoffen versorgt.

Die Grundsubstanz der Mash ist Weizenkleie, Hafer oder Haferschrot und Leinsamen. Dazu kommen immer 50 g Jodsalz und 100 g Mineralfutter, welches erst nach dem Abkühlen untergemischt wird, da sonst die Mineral- und Vitaminstoffe durch das kochende Wasser zerstört werden.

Die zusammengemischten Zutaten werden mit sehr heißem, aber nicht mehr kochendem Wasser übergossen, bis alles gut bedeckt ist. Anschließend wird alles gut umgerührt und eine gute halbe Stunde stehengelassen. Bei einer Leinsamenbeigabe über 200 g muß der Leinsamen unbedingt vorher gekocht werden, um giftige Blausäurebestandteile zu vernichten.

Es gibt ein extra für die Pferdefütterung zubereitetes Leinsamenprodukt, das auch in größeren Mengen unbedenklich verfüttert werden kann, da ihm durch ein spezielles Verfahren der Blausäureanteil entzogen wurde.

Allerdings liegt der Fettgehalt durch die Bearbeitung nur noch bei 16 %. 5 kg dieses Leinsamenproduktes kosten ca. 30,- DM.

Die Zubereitung der Mash ist sicherlich mit etwas Arbeitsaufwand verbunden, aber es wurde ja bereits zu Beginn erwähnt, daß die Haltung und Pflege unserer Pferdeomis und -opis schon ein wenig aufwendiger ist.

Etwas erleichtert werden kann die Arbeit, indem beim Futterhändler bereits fertig gemischte Mash gekauft wird (es gibt Hersteller, die fertige Instant- Mash anbieten), und nach der Zubereitung Möhren, Äpfel, Rote Bete, Kräuter oder Bananen untergemischt werden. Salz- Mineral- und Vitaminmischungen sind darin bereits enthalten.

Mash-Rezepte

Mash pur:

1	kg	Weizenkleie
1	kg	gequetschter Hafer
0,5	kg	Haferschrot
300	g	abgekochter Leinsamen
300	g	Maisflocken
50	g	Jodsalz
100	g	Mineralfutter (bzw. Tagesration laut Hersteller)
3250	g	Gesamtmenge

Mash süß:

1	kg	Weizenkleie
0,5	kg	Haferschrot
300	g	abgekochter Leinsamen
300	g	Traubenzucker
300	g	Sonnenblumenkerne
50	g	Jodsalz
100	g	Mineralfutter (bzw. Tagesration laut Hersteller)
2550	g	Gesamtmenge

Mash-Möhren:

1	kg	Weizenkleie
0,5	kg	Haferschrot
1	kg	geraspelte Möhren
300	g	gekochter Leinsamen
50	g	Jodsalz
100	g	Mineralfutter (bzw. Tagesration laut Hersteller)
2950	g	Gesamtmenge

Mash-Äpfel:

1	kg	Weizenkleie
0,5	kg	Hafer
1	kg	geraspelte Äpfel
300	g	gekochter Leinsamen
50	g	Jodsalz
100	g	Mineralfutter (bzw. Tagesration laut Hersteller)
2950	g	Gesamtmenge

Mash-Rote Bete:

1	kg	Weizenkleie
0,5	kg	Hafer
1	kg	geraspelte Rote Bete
300	g	Maisflocken
300	g	gekochter Leinsamen
50	g	Jodsalz
100	g	Mineralfutter (bzw. Tagesration laut Hersteller)
3250	g	Gesamtmenge

Mash-Kräuter:

1	kg	Weizenkleie
1	kg	Haferschrot
200	g	Sonnenblumenkerne
300	g	gekochter Leinsamen
200	g	Kräutermischung
50	g	Jodsalz
100	g	Mineralfutter (bzw. Tagesration laut Hersteller)
2850	g	Gesamtmenge

Mash-Banane:

1	kg	Weizenkleie
0,5	kg	Haferschrot
1	kg	gequetschte Bananen
300	g	gekochter Leinsamen
50	g	Jodsalz
100	g	Mineralfutter (bzw. Tagesration laut Hersteller)
2950	g	Gesamtmenge

Vor der Zubereitung der Mash mit Banane oder Rote Bete ist es ratsam zu testen, ob das Pferd diese Futtermittel überhaupt mag; wenn es sie vorher schon gewohnt war, wird es keine Probleme geben.

Zu bedenken ist bei der selbst zubereiteten Mash, daß der Kosten- und Arbeitsaufwand wesentlich höher liegt als bei fertig gekaufter Mash.

Hier besteht natürlich die Möglichkeit, Möhren, Äpfel, Rote Bete und Bananen in zerkleinerter Form sowie eine Ration Traubenzucker zusätzlich beizufügen.

Der Sinn in der Zerkleinerung dieser Futtermittel liegt in der besonders guten Verdaulichkeit und Verwertbarkeit der Nährstoffe und Vitamine.

Der Leinsamen

Leinsamen wird in verschiedenen Ausführungen angeboten: in der Apotheke oder im Reformhaus, speziell für die Pferdefütterung zubereitet oder in Bäckereien zur Brotwarenherstellung.

Es gibt den goldgelben und den rotbraunen Leinsamen, die sich nur in ihrem Fettgehalt unterscheiden. Der goldbraune Leinsamen für den Bäckereibedarf ist in großen Mengen am günstigsten zu erwerben.

Grundsätzlich ist die Leinsamenfütterung sehr vorteilhaft für Fellkleid und Verdauung, vorausgesetzt, daß der Leinsamen in einer Menge ab 200 g nur im abgekochten Zustand verfüttert wird.

Würde er in reinem Zustand in einer Menge ab 200 g angeboten, käme es durch den hohen Blausäureanteil im Leinsamen zu Nierenbeschwerden mit Vergiftungserscheinungen. Die empfohlene Menge von ca. 100 bis 150 g Leinsamen pro Tag ist ohne Bedenken zu verfüttern.

Der Leinsamen besitzt die Eigenschaft, unter Hinzugabe von Wasser Schleimstoffe zu bilden, die eine Art Schutzfilm auf der Magen- und Darmschleimhaut hinterlassen.

Dadurch wird die Aufnahmefähigkeit von Ballaststoffen in den Verdauungsorganen gefördert. Leinsamen verhindert Magen-, Darm- sowie allgemeine Verdauungsstörungen, die Futterverwertung im Organismus kann sich um bis zu 10 Prozent erhöhen. Der Fellwechsel geht leichter und schneller vonstatten.

Der Leinsamen verhilft dem Haarkleid zu einem höheren Fettanteil, welches sich wiederum positiv auf die Isolierung und wasserabstoßende Eigenschaft des Fells auswirkt. Die Nässe dringt nicht mehr so leicht bis auf die Haut durch, die Gefahr von Erkältungskrankheiten wird verringert. Pferde, die regelmäßig ihre Leinsamenration erhalten, haben ein dichteres, glänzenderes Haarkleid.

Reiner Leinsamen besitzt einen Fettgehalt von 30 bis 40 Prozent, je nach Sorte, er entfaltet seine positiven Eigenschaften am besten, wenn er in geschrotetem Zustand verfüttert wird.

Hierbei ist aber zu bedenken, daß frisch geschroteter Leinsamen nur vierundzwanzig Stunden haltbar ist, dann wird er durch die Luftzufuhr ranzig und darf nicht mehr an die Pferde verfüttert werden.

Wird das ganze Leinsamenkorn verwendet, sollten einige härtere Bestandteile in dem Futter enthalten sein, die ein kräftiges Kauen notwendig machen, um auch das Leinsamenkorn zu zerkleinern.

Aber gerade ältere Pferde können oft nur noch weiches, breiartiges Futter fressen, hier muß der Leinsamen vorher frisch geschrotet werden.

Eine Erleichterung und arbeitssparend ist der Leinsamen, der speziell für Pferdefütterungszwecke leicht „angecrackt", bzw. angeritzt wurde, d.h. seine Schale ist leicht angebrochen, so daß die Verdauungssäfte guten Zugang zu dem Kerninneren haben.

Trotzdem ist dieses so bearbeitete Leinsamenkorn sehr lange haltbar, da die Fettzellen weitgehend unzerstört bleiben.

Yea-Sacc Hefekulturen

Dieses Produkt enthält lebende Hefe, die zur Stabilisierung und Erhaltung der Darmflora beitragen, die Futterver-

Diese 19 Jahre alte Vollblutstute wird nicht mehr geritten und verbringt die meiste Zeit auf der Weide. Trotzdem sieht sie mangelhaft ernährt aus.
Foto: Heike Groß

wertung verbessern und damit das allgemeine Wohlbefinden positiv beeinflussen.

In Form von gepreßten Cobs werden diese lebenden Hefezellen der Kraftfutterration beigemischt. Sie werden im Verdauungsprozeß aktiv und sind im Verdauungskanal vermehrungsfähig.

Diese Hefezellen werden durch Magensäure und Enzyme nicht in ihrer Wirkung gemindert. Der Zelluloseabbau wird angeregt, so daß die Rohfaserstoffe (Stroh) besser verdaut werden. Dies wiederum erhöht die Mineralstoffversorgung des Organismus, und lebenswichtige Aminosäuren stehen in größerer Menge zur Verfügung. Der Rohfaserabbau im Pferdeorganismus ist nur mit bestimmten Bakterien möglich, Yea-Sacc Hefekulturen fördern und unterstützen die Arbeit dieser Bakterien und steigern die Phosphor- und Kalziumverdaulichkeit des Futters. Sie stabilisieren den PH-Wert im Darm und verhindern die Bildung von Kolibakterien und Salmonellen im Verdauungstrakt.

Der Verdauungsablauf funktioniert gleichmäßiger, Durchfallerkrankungen und Koliken treten wesentlich seltener auf.

Ein besserer Allgemeinzustand, größere Vitalität und Widerstandskraft gegen Krankheiten sind die positiven Folgen der zusätzlichen Versorgung der Pferde mit Yea-Sacc Hefekulturen, denn eine gesunde Verdauungsfähigkeit des Organismus sorgt für eine hohe Leistungsfähigkeit bis ins hohe Alter.

Der Mineral- und Vitaminbedarf von älteren Pferden

Der Bedarf an Mineralien und Vitaminen beim älter werdenden Pferd steigt etwas an. Ihre regelmäßige Fütterung in entsprechend ausreichender Menge ist wichtiger Bestandteil einer gesunden Ernährung. In den Wintermonaten kann eine vermehrte Vitamin-C-Gabe zusätzlich vor Infektionskrankheiten schützen.

Anhand der folgenden Tabelle kann man leicht selber herausfinden, welche Mineral-Vitaminstoffe in welcher Menge angeboten werden müssen.

Die im Handel angeboten Mineralfutter decken nicht immer den gesamten Bedarf ab, daher ist ein Mischen unterschiedlicher Mineralfutter angebracht, wenn dabei Inhaltsstoffe und Zusammensetzung beachtet werden. Ist der Besitzer eines alten Pferdes unsicher in bezug auf die ausreichende Versorgung mit Mineralien und Vitaminen, kann eine Blutuntersuchung nähere Auskunft darüber geben. Die Ascorbinsäure, das Vitamin C, wird vom Pferdeorganismus in Eigensynthese ausreichend hergestellt. Eine zusätzliche Vitamin-C-Versorgung kann bei Streßsituationen oder Anfälligkeit bei Erkältungskrankheiten sinnvoll sein: 4 g pro 100 kg Gewicht am Tag.

Tabelle über den täglichen Mineral- und Vitaminbedarf beim älteren Pferd (ab 20 Jahre)		
Mineralien	**Menge / pro kg LM**	**Beispielberechnung:**
Vitamine	LM = Lebendmasse IE = Internationale Einheit	Vitaminmenge x Gewicht Pferd = Bedarf pro Tag
Vitamin A	150 IE / kg / LM / Tag	150 x 500 = 75.000 IE pro Tag
Vitamin B1	3 mg / kg / LM / Tag	3 x 500 = 1.500 mg pro Tag
Vitamin B2	2,5 mg / kg / LM / Tag	2,5 x 500 = 1.250 mg pro Tag
Vitamin D	10 IE / kg / LM / Tag	10 x 500 = 5.000 mg pro Tag
Vitamin E	3 mg / kg / LM / Tag	3 x 500 = 1.500 mg pro Tag
Biotin	0,05 mg / kg / LM / Tag	0,05 x 500 = 25 mg pro Tag
Eisen Fe	1 mg / kg / LM / Tag	1 x 500 = 500 mg pro Tag
Kupfer Cu	0,1 mg / kg / LM / Tag	0,1 x 500 = 50 mg pro Tag
Natrium Na	24 mg / kg / LM / Tag	24 x 500 = 12 g pro Tag
Magnesium	25 mg / kg / LM / Tag	25 x 500 = 12,5 g pro Tag
Selen Se	0,3 mg / kg / LM / Tag	0,3 x 500 = 150 mg pro Tag
Zink Zn	1 mg / kg / LM / Tag	1 x 500 = 500 mg pro Tag
Mangan Mn	22 mg / kg / LM / Tag	22 x 500 = 1,1 g pro Tag
Cobalt Co	0,4 mg / kg / LM / Tag	0,4 x 500 = 200 mg pro Tag
Jod J	0,3 mg / kg / LM / Tag	0,3 x 500 = 150 mg pro Tag
Calcium Ca	50 mg / kg / LM / Tag	50 x 500 = 25 g pro Tag
Phosphor P	26 mg / kg / LM / Tag	26 x 500 = 13 g pro Tag

$$\text{Pferdegewicht} = \frac{\text{Brustumfang x Brustumfang x Körperlänge}}{11\ 900}$$

Gewichtskontrolle

„Nicht nur mit der Hand
- auch mit dem Auge muß man füttern"

Eine regelmäßige Gewichtskontrolle ist bei Pferden ein wichtiger Faktor für die gesunde Pflege und die Grundlage für eine bedarfsgerechte Fütterung.

Die erste und grundlegende Gewichtsbestimmung sollte zu einem Zeitpunkt erfolgen, zu dem sich das Pferd in einem optimalen körperlichen Zustand befindet.

Dieser gesunde Zustand zeigt sich durch ein glänzendes Fell, und die Knochen an Schulter und Hüfte sind mit einer fingerdicken Haut- und Fettschicht gut bedeckt.

Rippen dürfen nicht zu sehen sein; ist dies der Fall, liegt eine Unterversorgung bzw. Mangelerscheinungen vor, und es darf zu diesem Zeitpunkt selbstverständlich keine Gewichtsbestimmung als Grundlage für die Zukunft durchgeführt werden.

Auf keinen Fall darf bei der Fütterung „nur" die Optik eine Rolle spielen, denn oft ist es rasseabhängig, ob ein Pferd zu dick oder zu dünn ist:

Araber und Vollblüter sind stets schlankere Typen als Haflinger oder Kaltblüter, diese beiden Rassen müssen selbst im Alter immer gut rund aussehen.

Da die wenigsten Pferdebesitzer die Möglichkeit haben, das Gewicht ihres Pferdes mittels einer Waage feststellen zu lassen, gibt es eine Berechnungsfor-mel zur Ermittlung des Pferdekörpergewichtes (siehe oben).

Wie werden Brustumfang und Körperlänge ermittelt? Der Brustumfang bezeichnet den Bereich vom Widerrist zur Achselhöhle und wieder zurück. Das Maßband wird am unteren Bereich des Widerristes angelegt und schräg nach unten in Richtung Ellenbogen und unter dem Bauch entlang wieder hoch zum Widerrist geführt.

Dies ergibt den Wert des Brustumfangs in Zentimetern.

Die Körperlänge wird vom Schulterknochen bis zum Sitzbeinhöcker an einer Pferdeseite in Zentimetern gemessen. Diese so ermittelten Maße ergeben mit der Berechnungsformel das Körpergewicht des Pferdes, eine Differenz von ca. fünf Prozent ist zu berücksichtigen.

Ein kontinuierlich gleichbleibendes Gewicht, in der Sommer- wie in der Winterzeit, ist mit der Futterrationsberechnung anzustreben.

Häufige Gewichtsschwankungen wirken sich extrem belastend auf den gesamten Stoffwechselkreislauf aus, Probleme der Nahrungsverwertung sind die Folge.

Ein genaues und vor allem tägliches Beobachten des körperlichen Zustandes hilft, solche Veränderungen rechtzeitig zu erkennen um regulierend einzugreifen.

Liegt eine unerklärliche Gewichtsabnahme vor und sind nicht schadhafte Zähne Verursacher, können Erkrankungen an Nieren, Leber oder Herz vorliegen. Eine tierärztliche Blutuntersuchung kann darüber näheren Aufschluß geben und ist für die Erstellung einer Diagnose unerläßlich. Dabei kann zwischen dem kleinen oder großen Blutbild ausgewählt werden. Ist der Gesundheitszustand des Pferdes sehr bedenklich, sollte direkt das große, umfangreichere Blutbild angefertigt werden, um im Ernstfall keine wertvolle Zeit für eine Behandlung zu versäumen.

Spezielle Futterzusätze für Pferde

Kräutermischungen für Pferdeveteranen: Lindern bei Rheuma, allgemeinen Altersbeschwerden und Steifheit in den Gelenken. Die vielseitig zusammengestellte Kräutermischung, u.a. aus Selleriesamen, Nessel, Klette, Schwarzwurz, wirkt unterstützend auf den Kreislauf, das Lymph- und Harnsystem sowie auf den Verdauungsvorgang.

Apfelessig: Hilft Verkalkungen in den Gelenken zu lösen, da sonst durch die eintretende Kalkablagerung die Gelenke ihre Beweglichkeit verlieren. Der Säuregehalt des Essigs hilft bei der Zersetzung des Kalks und wirkt gleichzeitig blutreinigend. Dies ist aber ein Prozeß, der sich über einen langen Zeitraum erstreckt, daher muß der Apfelessig regelmäßig verabreicht werden, um eine Wirkung zu erzielen.

Eisenhaltige Präparate: Ferro-Plus enthält blutbildende Substanzen wie Eisen und Kupfer. Es ist anzuwenden bei Störungen im Haushalt der roten Blutkörperchen, dies ist über eine Blutbilduntersuchung zu ermitteln.

Hustenkräutermischung: Gezielt ausgewählte, naturbelassene Kräuter lindern Husten- und Atemwegsbeschwerden, stärken das allgemeine Abwehrsystem und haben eine positive Wirkung auf das Atem- und Bronchialsystem. Die ätherischen Öle wirken schleimlösend, entkrampfend und beruhigend auf die Atemwege. Kräutermischung, die anti-asthmatisch wirkt und allergische Reaktionen verringert, bestehend aus:

Anis, Brennesselkraut, Eibischwurz, Fenchel, Fichtennadeln, Fichtensprossen, Holunderblüten, Huflattich, Irlandmoos, Johannisbrot, Kalmuswurzel, Lindenblüten, Salbeiblättern, Spitzwegerich, Süßholzwurzel, Thymian, Lakritze.

Gelatine: Hochwertige Gelatine und andere essentielle Stoffe, die sich stärkend auf Sehnen, Knorpel und Bindegewebe auswirken, sind ein wichtiger Bestandteil zur Erhaltung der Bewegungsfähigkeit des Knochengerüstes. Bei altersbedingten akuten oder chronischen Arthroseerscheinungen kann Gelatine unterstützend eingesetzt werden. Im Bäckerei- oder Fleschereibedarf ist „Aspik" eine preiswerte Lösung.

Isländischer Seetang: Abgestorbene Haut- und Haarzellen müssen ständig erneuert werden, dazu benötigt der Organismus hochwertiges, hochverdauliches Eiweiß, bestehend aus Aminosäuren.

Isländischer Seetang besteht aus Rotund Braunalgen, die getrocknet und kleingemahlen verfüttert werden. Er enthält eine Vielzahl von Mineralien, Spurenelementen, Vitaminen und spezielle Aminosäuren, wie sie in anderen Futterpflanzen selten zu finden sind. Sie unterstützen diese ständigen Prozesse der Erneuerung von Zellen.

Isländisches Dorschleberöl: In Verbindung mit Seetang ist Dorschleberöl eine sinnvolle Vitaminergänzung, besonders in der kalten Jahreszeit, wo der Organismus der Pferde viele Vitamine braucht. Abgesehen von diesen Mineralien wird der Körper reichhaltig mit Energie versorgt.

Dem Dorschleberöl werden positive Wirkungen bei Kreislaufproblemen und Erkältungskrankheiten zugesprochen.

Es wirkt außerdem vorbeugend gegen Arterienverkalkung.

Yea-Sacc: Dieses Produkt enthält lebende Hefe, die zur Stabilisierung und Erhaltung der Darmflora beiträgt und eine bessere Verdauung bewirkt.

Fiber P: Ein hochwertiges Ergänzungsfuttermittel mit hohem Energieanteil, das schmackhaft zubereitet ist und bei Appetitlosigkeit hilft (z.B. nach Krankheit).

Die medizinischen Eigenschaften der Kräuter lindern Gelenk-, Verdauungs- und Atembeschwerden.

Biotin: Unterstützt Hufhorn- und Fellwachstum durch das Vitamin H, sollte in mehrmonatigen Kuren verabreicht werden.

Equiherbal: Pelletiertes Kräuterfutter mit 28 Kräutern, hilft bei Atemwegsbeschwerden, Reizhusten und bei chronischen Atemwegserkrankungen.

Horse Care: Futterkur zur Kräftigung des Stütz- und Bindegewebes.

Mit zunehmendem Alter treten Gelenkverschleiß, Arthrose, rheumatische Beschwerden ein. Bestimmte Inhaltsstoffe von Horse Care (Mucopolysaccharide) können diese Alterserscheinungen günstig beeinflussen und haben sich bei chronischen Gelenkbeschwerden bestens bewährt.

Multivitaminsaft, -würfel: Zusätzliche Vitaminkur, empfiehlt sich bei Haarwechsel, Wurmkur und nach überstandener Krankheit oder Streßsituationen.

Equolyt Petvital: Ein Bio-Aktivator speziell zur Förderung der Vitalität und zur Steigerung des Abwehrsystems gegenüber Erkrankungen. Petvital enthält sogenannte Oligopeptiden, essentielle Aminosäuren und Spurenelemente. Diese Zufuhr an Eiweißbausteinen unterstützt die Zellbildung im Organismus, aktiviert den Zellstoffwechsel, erhöht die Sauerstoffaufnahmefähigkeit, verbessert die Durchblutung und stabilisiert Herz und Kreislauf.

Equolyt Horse: Dies ist ein glykosaminoglykanhaltiges Präparat, das speziell bei Bindegewebsschwächen den Organismus unterstützt. Anzuwenden bei akuten und chronischen Gelenkentzündungen, Schwächen im Sehnen- und Bänderapparat, Knorpelschäden, Gelenkverschleiß und Steifheit in den Gelenken.

Die Grundsubstanz des Bindegewebes besteht aus Glykosaminoglykanen und speichert Mineralien und Wasser im Bindegewebe. Im normalen Alterungsprozeß treten Veränderungen im Gewebe auf, die mit diesem Produkt ausgeglichen werden, so daß sich weitere Veränderungsprozesse verlangsamen.

Lebertran: Er enthält viel Vitamin A und Vitamin D, welche besonders in der Winterzeit im Pferdeorganismus fehlen. Zwei bis drei Eßlöffel am Tag sollten verfüttert werden. Lebertran ist in der Apotheke erhältlich.

Artoflex: enthält zu 98 % reines Kondroitinsulfat, ein Stoff, der den Knor-

pelaufbau fördern soll und sich positiv auf die Funktionsfähigkeit von Gelenken und Sehnen auswirkt.

Wie in fast allen anderen Bereichen des Lebens gilt auch hier: Nie zuviel des Guten!

Auf keinen Fall dürfen alle Produkte zusammen verabreicht werden.

Besser ist es, die unterschiedlichen Produkte kurweise anzubieten, entsprechend der vorgegebenen Symptome beim Pferd:

z. B. eine Hustenkräutermischung zur Winterzeit oder beim Fellwechsel eine stoffwechselfördernde Kräutermischung.

KRÄUTERMISCHUNGEN ALS WERTVOLLE FUTTERMITTELERGÄNZUNG

In der naßkalten Herbst- und Winterzeit ist das Abwehrsystem besonders stark beansprucht, und gerade ältere Pferde haben oft Probleme innerhalb dieser Monate, ihr Immunsystem bei Kräften zu halten.

Je öfter das Pferd durch Erkältungskrankheiten, Fellwechsel und Wurmkuren sowie durch Antibiotikabehandlungen geschwächt wird, desto anfälliger reagiert der Organismus auf schlechte, kalte und nasse Wetterverhältnisse mit Krankheiten.

Die Ansicht, die Pferde nun möglichst durch reine Stallhaltung im Winter davor schützen zu wollen, wäre der falsche Weg zum Schutz vor Erkältungen. Reichlich frische, besonders trockene und kalte Winterluft sind die besseren Lebensbedingungen, die ein Pferd gesund halten. Stickige, warme und ammoniakhaltige Luft im Stall ist unbedingt zu vermeiden, da sie krank macht.

Neben ausreichender Frischluft hat die regelmäßige Fütterung von verschiedenen Kräutermischungen mit ihren heilenden Wirkungen, Vitaminen und Mineralien einen großen Einfluß auf die Kräftigung und Erhaltung des Abwehr- und Immunsystems.

Allerdings ist nicht zu verschweigen, daß die tägliche Versorgung des Pferdes mit Kräutern etwas kostspielig ist; im Durchschnitt muß mit einem Kilopreis von 30,- bis 40,- DM für eine spezielle Kräutermischung gerechnet

werden. Das ist aber angesichts der benötigten Menge an Frischkräutern auch gerechtfertigt. Der daraus entstehende Kostenaufwand pro Tag liegt bei ca. zwei bis drei Mark (Fütterungsmenge ca. 75 g pro Tag), die Preispalette von Kräutermischungen, speziell für Pferde, ist nach oben hin offen.

Einige Hersteller übersteigen diesen Betrag für ihre Produkte um ein Vielfaches. Ob der Nutzen dann wirklich so viel besser ist, sei dahingestellt.

Wer die Zeit und Möglichkeit hat, kann über das ganze Jahr hin verteilt die einzelnen Kräuter selber sammeln oder im Garten ziehen. Sie werden getrocknet und miteinander vermischt. Dies ist zwar mit einigem Arbeitsaufwand verbunden, spart aber ganz erheblich Kosten ein.

Jene Kräuter, die nicht selbst gesammelt werden können, sind in der Apotheke erhältlich und werden zu den eigenen Kräutern hinzugegeben. Besonders wichtig ist es, daß die selbst gepflückten Kräuter vor der eigentlichen Aufbewahrung sehr gut getrocknet werden müssen, ein kleiner Rest an Feuchtigkeit kann den ganzen Vorrat unbrauchbar werden lassen, wenn er anfängt zu schimmeln.

Schimmelige Kräuter dürfen auf keinen Fall mehr an die Pferde verfüttert werden!

Wie die einzelnen Kräuter zu sammeln sind, wie sie am besten getrocknet und aufbewahrt werden, wird in diesem Buch nicht näher beschrieben, das würde zu weit vom eigentlichen Thema abschweifen; dazu gibt es in den Buchläden spezielle, umfangreiche und ausführliche Literatur zu kaufen. Hier werden nur die Kräuter erwähnt, die für die Pferdefütterung von Nutzen sind. Die einzelnen nachfolgenden Kräuterrezepte können auch in kombinierter Form verabreicht werden, dann wird von jeder Sorte eine kleinere Menge gefüttert.

Die Kräuter können sowohl in Form eines warmen Breis oder als Trockenkraut gegeben werden. Zur Herstellung eines Kräuterbreis wird lauwarmes Wasser auf die Kräutermenge gegossen und dieser Brei eine Weile stehengelassen. Der Kräuterbrei wird nun unter die Kraftfutterration gemischt.

Ebenso kann ein Teeaufguß erstellt werden, den die Pferde im abgekühlten Zustand trinken.

Die übrigen Kräuterreste des Teeaufgusses werden ebenfalls noch verfüttert. Nicht alle Pferde mögen den Tee oder akzeptieren das Kräuterfutter unter ihrer Kraftfutterration.

In diesen Fällen ist es angebracht, das Pferd mit ganz geringen Mengen (ein Teelöffel) an den Geruch und Geschmack der Kräuter zu gewöhnen. Zu Beginn werden besser nicht ganz so intensiv riechende Kräuter verwendet.

Rezepte für Kräutermischungen

Rezept für eine Herbst- und Winterkräutermischung

Diese Kräutermischung soll speziell die Funktion des Bronchialsystems unterstützen und das Abwehrsystem stärken.

Sie wirkt schleimlösend, reizmildernd und auswurffördernd bei bereits vorhandenen Erkältungskrankheiten oder chronischen Atemwegserkran-

kungen: Brennessel - Huflattich - Fichtensprossen - Eibisch - Johanniskraut - Islandmoos - Süßholz - Thymian - Anis - Fenchel - Kieselsäure - Spitzwegerich - Königskerze.

Rezept für Frühlingsmischung

Die Wirkung dieser Kräutermischung besteht in erster Linie in der Entschlackung des Organismus und der Blutreinigung.

Außerdem wird die Darm- und Nierentätigkeit angeregt sowie die Leberfunktion gestärkt:

Birke - Löwenzahn - Acker- und Stiefmütterchen - Heidekraut - Hirtentäschel - Scharfgarbe - Hagebutte - Schachtelhalm - Mariendistel - Brennessel.

Rezept für Hustenkräutermischung

Diese Mischung ist bei chronischen Atemwegserkrankungen oder leichten, akuten Erkältungskrankheiten anzuwenden.

Es sei hier nochmals darauf hingewiesen, daß solche Erkrankungen immer von einem Tierarzt behandelt werden müssen.

Die Fütterung von Kräutern ist nicht ausreichend, eine Erkrankung zu heilen! Sie lindert die Beschwerden und unterstützt den Heilungsprozeß. Wichtig ist auch, den Tierarzt direkt zu Beginn einer Erkrankung zu rufen, denn je länger und schwerwiegender eine Krankheit den Pferdeorganismus belastet, um so langwieriger und entsprechend teurer ist der Gesundungsprozeß:

Salbeiblätter - Anis - Fenchel - Holunderblüten - Süßholzwurz - Thymian - Lindenblüten - Eibischblätter - Malvenblüten.

Rezept speziell für alte Pferde (Veteranenmischung)

Diese Kräutermischung wirkt unterstützend auf die physiologischen Funktionen des Pferdeorganismus, die im zunehmenden Alter ihre Leistungsfähigkeit verlieren:

Selleriesamen - Brennessel - Klette - Schwarzwurz - Weidenrinde - Walnußblätter - Ginkgo - Löwenzahn.

Es ist nicht immer notwendig, alle Kräuter einer Rezeptmischung zusammenzumischen, einige haben die gleiche Wirkung und ergänzen sich, aber hier gilt: je größer die Vielfalt, desto besser und intensiver die Wirkung.

Täglich sollten 50 bis 75 g, je nach Größe des Pferdes, gefüttert werden.

Beim Einkauf der Kräuter für eine eigene Mischung ist es meist preiswerter, diese bei speziellen Kräutermittelherstellern zu besorgen, in der Apotheke liegen die Preise für ein Kilo Kräuter oft um einiges höher.

Kleine Kräuterkunde

Anis	Fördert das Abhusten von Schleimansammlungen in der Lunge und verhindert die Gasbildung im Magen- und Darmbereich
Brennessel	Wirkt entschlackend und blutreinigend
Eibischblätter	Wirken hustenreizlindernd
Fenchel	Wirkt schleimlösend
Ginkgo	Fördert die Durchblutung
Huflattich	Ist ein wirksames Hustenmittel
Islandmoos	Wirkt hustenreizlindernd
Kamille	Wirkt beruhigend und krampflösend auf die Atemwege. Äußerlich angewendet ist es entzündungshemmend, innerlich verabreicht hilft es bei Magen- und Darmproblemen
Löwenzahn	Aktiviert den Stoffwechsel, verbessert die Nierentätigkeit und wirkt blutreinigend und harntreibend
Malvenblüten	Helfen bei Erkrankungen der oberen Luftwege
Stiefmütterchen	Wirken sich stoffwechselfördernd aus
Süßholzwurzel	Hilft bei Bronchitis, hat eine schleimlösende Wirkung
Thymian	Hilft bei Bronchitis und chronischen Atemwegserkrankungen und wirkt antibakteriell
Wacholderbeeren	Haben eine entschlackende Wirkung und unterstützen die Magentätigkeit
Walnußblätter	Haben eine blutreinigende Wirkung
Weidenrinde	Hilft bei rheumatischen Beschwerden und besitzt eine leicht fiebersenkende Wirkung
Weißdorn	Ist allgemein als herzstärkend bekannt, kräftigt den Herzmuskel

HALTUNG IM SOMMER

Was den Pferden zu schaffen macht

Pferde leiden im Sommer besonders unter den heißen, schwülen Temperaturen, sie bekommen Kreislaufprobleme, und im schlimmsten Fall kann es zu Hitzschlag mit Herzversagen kommen. Extrem gefährdet sind Pferde, die keine Möglichkeit haben, vor den heißen Sonnenstrahlen an einem kühlen, schattigen Platz Zuflucht zu finden. Alte Pferde mit sehr starken Kreislaufproblemen sollten an ganz heißen Sommertagen nur nachts auf die Weide gestellt werden.

Eine reine Stallhaltung ist im Sommer für Pferde grundsätzlich abzulehnen. Hier gilt der Spruch „wer rastet, der rostet" in ganz besonderem Maße. Pferde brauchen viel Auslauf, damit Bewegungsapparat, Verdauungsvorgang, Kreislauf und Atmungsorgane gesund und leistungsfähig bleiben. Nichts ist für den Organismus schädlicher, als das Pferd in der Box oder sogar im Ständer stehen zu lassen. Die einzige Ausnahme besteht an extrem heißen Sommertagen, wenn Weide und Auslauf keinen schattigen Platz bieten und der Aufenthalt im kühleren Stallgebäude für das Pferd angenehmer ist. Bei dieser Haltungsweise muß die erforderliche Freilaufzeit zu den Abend- und Nachtstunden angeboten werden: Weidegang von abends zwanzig Uhr nach dem Sonnenuntergang bis morgens zehn oder elf Uhr.

Besser ist im Sommer ein mindestens zehnstündiger Weidegang, oder noch

besser wäre eine Haltung Tag und Nacht auf der Weide mit einem großen Unterstand, in dem alle Pferde Platz haben und sich bei starker Hitze unterstellen können. Ist der Unterstand zu klein oder besitzt er nur einen schmalen Eingang, kann es passieren, daß das leitstarke Herdentier besonders die älteren und schwächeren Pferde nicht in den Unterstand hineinläßt. Aber gerade die sollten bei heißen Wetterverhältnissen die Möglichkeit haben, etwas kühlere Plätze aufsuchen zu können. Auch bei Schlechtwetterphasen ist es wichtig, allen Pferden, die in einer Herde auf der Weide stehen, einen trockenen und windgeschützten Platz

Ältere Pferde dürfen während der heißen Sommermonate nur in den frühen Morgenstunden oder am späten Abend geritten werden, da sie die Hitze am Tag sehr schlecht vertragen.
Foto:
Angelika Schmelzer

anzubieten. Besonders bei älteren Pferden ist im Laufe der Jahre mit einem abgeschwächten Immunsystem zu rechnen. Stehen die Pferde lange Zeit im Regen, verbunden mit kaltem Wind, können Erkältungskrankheiten die Folge sein.

Im Hochsommer sollte es selbstverständlich sein, daß ältere Pferde, wenn sie noch regelmäßig geritten werden, nur in den frühen Morgenstunden oder in den späten Abendstunden in angemessenem Maße bewegt werden. Zu diesen Tageszeiten ist die Luft meist noch erträglich kühl, trotzdem sind jegliche Leistungsanforderungen zu umgehen, dazu gehören lange Galoppstrecken oder anstrengende Reitplatzarbeit.

Sowie sich Konditionsschwächen oder Kreislaufprobleme während eines Geländerittes bemerkbar machen, wird sofort abgestiegen, der Sattelgurt gelockert und das Pferd in langsamem Schritt nach Hause in den heimatlichen Stall geführt. Bei einem extrem starken Schwächeanfall oder Hitzschlag muß sofort ein Tierarzt verständigt (die Rufnummer am besten mit Kugelschreiber auf der Sattelunterseite notieren, dann hat man sie immer griffbereit) und das Pferd eventuell mit einem Pferdetransporter nach Hause geholt werden.

Boxenhaltung sollte in den Sommermonaten besonders dann vermieden werden, wenn das Stallklima zu heiß und stickig ist. Die Pferde leiden sehr unter diesen schlechten Luftverhältnissen, in denen der Ammoniakgeruch durch die Wärme besonders ansteigt.

Ist eine Stallhaltung nicht zu vermeiden, sind folgende Punkte unbedingt zu beachten:

· Tägliches gründliches Ausmisten verhindert ein zu starkes Ansteigen des Ammoniakgeruches

· Es ist ständig für eine gute Belüftung zu sorgen, um einen Hitzestau im Stall zu verhindern

· Es darf kein Durchzug dabei entstehen

· Stallfenster mit direkter Sonneneinstrahlung müssen mit Markisen geschützt werden, das gilt in besonderem Maße für Außenboxen

· Gegen die Fliegenplage dürfen keine Insektenvernichtungssprays eingesetzt werden. Abhilfe kann mit Leimfängern, elektronischen Insektenvernichtern oder Einsprühen der Pferde mit einem Gemisch aus Wasser und ätherischen Ölen geschaffen werden

· Fliegennetze und -gitter vor den Fenstern und Fliegenvorhänge an den Türen helfen, das Eindringen der Fliegen in den Stall zu reduzieren.

Am wohlsten fühlen sich unsere Pferde im Sommer in einer Gemeinschaft mit ihren Artgenossen auf der Weide. Sie sind glücklich, wenn sie ein wenig die „Erziehung" und Betreuung jüngerer Pferde übernehmen können und wenn sie zum Spielen und Toben aufgefordert werden. Sie genießen das Fell- und Mähnenkraulen mit jüngeren Pferdepartnern und fühlen sich in ihrem Herdenverband sicher, geborgen und streßfrei.

Sind aggressive und angriffslustige Pferde dabei, kann es vorkommen, daß sie gerade an den älteren und schwächeren Pferden ihren Frust auslassen, wenn sie merken, daß diese sich nicht mehr so richtig wehren und verteidigen können. Beobachtet man ein ständiges Angreifen und Attackieren

Die Weide ist besonders für unreitbare und ältere Pferde für ein gesundes psychisches Wohlbefinden unverzichtbar.
Foto: Heike Groß

der schwächeren Pferde, ist hier dringend eine Trennung vorzunehmen, um ernsthaften Verletzungen vorzubeugen. Aber bitte, hier sollte der Verursacher aus dem Herdenverband herausgenommen werden, nicht das gepeinigte Pferd, es würde dies ja als Strafe empfinden, wenn es von seinen vertrauten Kumpels weggerissen wird. Auch junge Pferde können oftmals zu belastend und stressig für alte und kranke Pferde werden, sie müssen dann ebenfalls separiert werden.

Im Sommer ist die Weide, vorausgesetzt, sie bietet ausreichend schattige Plätze, für alle Pferde einer Gruppe, mit ihrem frischen Sommerwind am Tag und der kühlen Luft in der Nacht der optimale Lebensraum für unsere älteren und unreitbaren Pferde.

Ältere Pferde schwitzen besonders stark, auch im ruhigen, nur stehenden Zustand. Es ist nicht gleich ein Anzeichen für eine Krankheit, sie versuchen so, ihre Körpertemperatur zu senken; die Schweißbildung auf der Haut ver-

dunstet an der Luft, und die Verdunstungskälte gibt dem Pferdekörper eine angenehme Kühlung. Diese von der Natur optimal geregelte Erfindung hat aber einen hohen Wasserverbrauch des Organismus zur Folge, daher muß stets ausreichend frisches Wasser vorhanden sein. Offene Wannen oder Bottiche müssen regelmäßig gereinigt werden, da das Wasser schnell durch Vogelkot verschmutzt oder Mücken ihre Eier darin ablegen. Geschlossene Wassertanks oder Selbsttränken sind da die bessere Lösung.

Die Kraftfutterration ist dem Futterangebot auf den Weiden anzupassen, die Mash-Fütterung kann auf eine Portion in der Woche reduziert werden. Mineral- und Vitaminzusätze müssen weiterhin gefüttert werden, die Zugabe von Kräuterfuttermittel richtet sich nach der Vielseitigkeit der Wiesenkräuter und dem gesundheitlichen Zustand des Pferdegreises. Die Kraftfutterration ist ebenfalls um ein Drittel zu kürzen, wenn die Weiden genügend frisches Grünfutter vorweisen. Ein Salzleckstein gehört im Sommer auf jede Pferdeweide; nutzt das Pferd ihn nicht, muß es täglich einen Teelöffel Salz unter das Futter gemischt bekommen, um den hohen Salzverlust durch das starke Schwitzen an heißen Tagen auszugleichen.

Die Fellpflege des kurzen Sommerfells ist wesentlich einfacher als die des langen Pferdehaars im Winter. Die natürliche Schutzschicht im Fell, bestehend aus Talg und Hautschuppen, darf durch das Putzen nicht allzu gründlich beseitigt werden, da sonst Nässe und Kälte leichter auf die Haut durchdringen können. Daher gilt es die Pferde im Winter lieber ein bißchen schmutziger, aber dafür um so widerstandsfähiger und gesünder auf der Weide stehen zu lassen. Wird das Pferd, je nach Gesundheitszustand und Möglichkeiten, noch geritten und kommt es dabei ins Schwitzen, muß die nasse, salzhaltige Schweißkruste gründlich entfernt werden, am besten mit einem Eimer Wasser und einer Wurzelbürste. Die feuchten, warmen Schweißabsonderungen sind Nährböden für Bakterien, Pilze und Milben, daher ist diese Pflegemaßnahme für eine gesunde Haut unbedingt notwendig. Die trockene Schweißkruste brennt zudem unangenehm auf der Pferdehaut, und der Geruch zieht die lästigen Fliegen an, die den Pferden arg zu schaffen machen. Fliegenmasken schützen die Augen vor zu hartnäckigem Fliegenbefall und den daraus resultierenden Augenentzündungen.

Kommt es trotz guter Pflege und richtiger Haltungsbedingungen im Sommer zu einem Hitzschlag, sind folgende lebensrettenden Sofortmaßnah-

men bis zum Eintreffen des Tierarztes durchzuführen.

Symptome Hitzschlag:
· starkes Schwitzen
· erhöhte Körpertemperatur über 38,8 Grad Celsius
· erhöhte Atem- und Pulsfrequenz
· allgemeine körperliche Schwäche

Sofortmaßnahmen:
· Pferd sofort aus der Sonne nehmen und an einen kühlen, schattigen Ort bringen
· Kopf mit nassem Schwamm und Tuch feucht und kühl halten
· Beine mit feinem Wasserstrahl kühlen
· erst dann Brust und restlichen Körper mit leichtem Wasserstrahl kühlen

Die lästige Mücken- und Fliegenplage

Die Mücken- und Fliegenplage kann (nicht nur) den Pferdegreisen im Sommer auf der Weide das Leben ganz schön schwer machen. Auf Weiden in feuchten Tälern und sumpfigen Zonen oder dort, wo Bachläufe sind (was für die Wasserversorgung der Pferde bei guter Wasserqualität sehr von Vorteil ist), halten sich Unmengen von Stechmücken, Schnaken und Kriebelmücken auf.

Ein Unterstand, der nach zwei Seiten hin offen ist, so daß der Wind hindurchzieht, bleibt meist insektenfrei und wäre eine Erleichterung für die Pferde.

Vielleicht besteht aber die Möglichkeit, eine trockenere Weide für die Sommermonate zu benutzen. Eine zu starke Veräpfelung der Wiesen führt ebenfalls zu intensiver Fliegenbelästigung, hier kann häufigeres Absammeln der Kotstellen den Fliegenbefall reduzieren. Einen guten, wenn auch zeitlich sehr begrenzten Schutz bieten Anti-Mücken-Mittel.

Für einen dauerhaften Schutz wäre eine häufige und regelmäßige Anwendung notwendig. Mittel, die über mehrere Tage wirken sollen, sind mit Vorsicht anzuwenden, da sie sehr stark konzentriert sind und nicht nur aus natürlichen, unschädlichen Stoffen bestehen. Lange Mähne, Schweif und Pony sind natürliches Abwehrmittel und Schutz der Pferde gegen die Insektenplage, daher dürfen sie nie zu kurz abgeschnitten werden.

Ein Haarschopf, der über die Augen fällt, schützt auf natürliche Weise vor den lästigen Fliegen.

Rezept für eine Anti-Fliegenlotion

Dieses Anti-Fliegenmittel ist auf rein natürlicher Basis zusammengestellt, enthält keine Gift- und Konservierungsstoffe und ist deshalb sehr gut hautverträglich. Es besteht aus:

Ätherischen Ölen - Wasser - Ölverbinder (D-Panthenol).

Die Öle sind in der Apotheke erhältlich oder bei verschiedenen Herstellern zu beziehen.

Vor jeder erneuten Anwendung ist es wichtig, die Sprühflasche kräftig durchzuschütteln, damit sich die Öle mit dem Wasser gut vermischen; bei längerem Stehen trennt sich das Wasser von dem Öl.

Es kann normales Leitungswasser oder destilliertes Wasser aus der Apotheke verwendet werden, entscheidend ist dabei der Kalkgehalt des Wassers, er sollte möglichst gering sein.

Folgende Öle enthält die Mischung:

Anisöl	20 ml
Eukalyptusöl	30 ml
Minzeöl	20 ml
Nelkenöl	30 ml
Zedernöl	30 ml
Zitronelleöl	10 ml
	140 ml

Diese Menge der verschiedenen Öle wird mit 10 Tropfen Ölverbinder D-Panthenol und 4 Litern Wasser gut vermischt.

Die Kosten für einen Liter dieser Fliegenlotion liegen ungefähr bei 12,- DM bis 15,- DM, je nach Einkaufspreis der Öle. Im Vergleich zu Produkten im Pferdepflegezubehör liegt er um 50 Prozent niedriger, und seine Wirkung ist wesentlich intensiver und länger anhaltend, allerdings auch der Geruch.

Da die Mischung keinerlei Konservierungsmittel enthält, sollte sie nicht länger als drei Monate aufbewahrt werden.

Zur einfachen und sparsamen Verteilung empfiehlt es sich, die Anti-Fliegen-Mischung in Sprühflaschen mit Pumpsprüher abzufüllen, sie kann aber auch mit einem kleinen Schwamm aufgetragen werden, dabei ist der Verbrauch aber höher. Die Intensität der Wirkung kann durch eine stärkere Mischung erhöht werden.

Benötigt man im Sommer große Mengen an Anti-Fliegenlotion, ist dies mit Sicherheit die preiswerteste Lösung, eine wirkungsvolle Substanz zu bekommen.

HALTUNG IM WINTER

Winterpflege für Pferde

Beachtet der Pferdebesitzer einige wichtige Punkte in bezug auf Haltung und Pflege während der Winterzeit, wird es kaum zu Problemen kommen. Die Haltungsart spielt eine entscheidende Rolle für die gesunde Pflege während dieser Jahreszeit.

In klarer, trockener Eiseskälte fühlen sich die Pferde so richtig wohl, vorausgesetzt, sie sind gesund und haben ein dichtes, ausgeprägtes Winterfell.

Es kommt vor, daß ältere Pferde aufgrund eines altersbedingten reduzierten Stoffwechsels kaum Winterfell, aber sogenannte lange „Grannenhaare" entwickeln. Diese bieten auf keinen Fall genügend Schutz gegen klirrende Kälte, hier kann mit einer Thermodecke eine ausreichende Erhaltung der Körperwärme am Tag erzielt werden. Voller Übermut und Lebensfreude galoppieren sie über die Wiesen, soweit es die alten Knochen noch erlauben. Bei solchen Wetterverhältnissen können sie die Nacht im Freien verbringen, aber nur, wenn sie diese Haltung entsprechend gewöhnt sind.

Eine Ausnahme dieser Haltungsweise sollte bei sehr alten Pferden schon gemacht werden, hier wäre es besser, sie in der Nacht in einem gut belüfteten, aber zugfreien Stall unterzustellen. Extreme Kälte in der Nacht kann an den Gelenken unangenehme Beschwerden hervorrufen.

Dagegen ist bei Regen, Kälte und Wind ein Einstellen für diese Schlechtwetterzeit dringend anzuraten, der notwendige tägliche Auslauf aber anzubieten. Die naßfeuchte Kälte dringt tief bis auf die Knochen und Gelenke, so daß rheumatische und arthrotische Beschwerden verstärkt werden und ein Unwohlsein aufgrund der Schmerzen die Folge ist. Leicht lungenempfindliche oder an chronischer Bronchitis erkrankte Pferde vertragen diese Wetterverhältnisse ebenfalls sehr schlecht im Freien, für sie wäre eine Außenbox wegen der Frischluft sehr anzuraten. Wenn eine Einstellung erforderlich ist, muß für täglich ausreichende Bewegung gesorgt werden, um das Kreislaufsystem und den Pferdeorganismus in Gang zu halten, dies ist für das Wohlbefinden und den Allgemeinzustand unverzichtbar.

In den Wintermonaten ist es ausreichend, für einen täglichen Auslauf zusammen mit ruhigen Artgenossen für acht bis zehn Stunden zu sorgen. Bei sehr schlechten Wetterverhältnissen kann die Zeit auch verkürzt werden. Prinzipiell ist frische Luft für Pferde stets besser als stickige, ammoniakhaltige Stalluft.

Die Vorstellung, alte Pferderentner möglichst „schön warm" zu halten, ist absolut falsch. Eine gewisse Abhärtung und Robusthaltung in vernünftigem Maße ist wesentlich gesünder. Dies gilt nur für Pferde, die ihr natürlich gewachsenes Winterfell tragen. Geschorene Pferde dürfen nur mit einer wärmenden Woll- oder Thermodecke eingedeckt auf den Auslauf, damit keine Erkältungskrankheiten auftreten. Eine schöne Außenbox, wind- und regengeschützt, wäre für die Zeit ohne Auslauf die ideale Lösung für Pferderentner. Bei einer Stallhaltung ist auf eine ausreichende Frischluftzufuhr zu achten, dabei darf kein Durchzug entstehen. Eine zu hohe Ammoniakkonzentration in der Stalluft führt zu Atemwegserkrankungen und Schwächung der Abwehrkräfte unter der reizenden Wirkung des Ammoniaks. Je nach Stärke der Konzentration kann es sogar zu ätzender Giftwirkung in den Atemwegen kommen. Oftmals wird der schädliche Einfluß dieser Fäkalgase auf die Gesundheit der Pferde unterschätzt, dabei ist die toxische Wirkung von Ammoniak mit der von Blausäure gleichzusetzen.

Aus gesundheitlicher Sicht ist die sogenannte Matratzeneinstreu völlig abzulehnen. Bei dieser Boxenhaltung wird der täglich anfallende frische Mist nicht entsorgt, sondern es wird nur trockenes Stroh übergestreut, und das über mehrere Monate. Sicher ist es zeitsparend, aber überaus negativ für den Gesundheitszustand der Pferde.

Zum einen steigt der Ammoniakgehalt in der Luft sehr stark an, zum anderen ist das Stehen auf der weichen, tiefen Einstreu für Gelenke, Sehnen und Bänder sehr belastend.

Die feuchte, stark urinhaltige Matratzeneinstreu hat zudem eine nachteilige Auswirkung auf die Beschaffenheit der Hufe. Der Urin greift die oberste Hornschicht der Hufe stark an, sie werden spröde, rissig und brechen leicht aus.

Bei dieser Haltung auf Matratzeneinstreu kann es leicht zu Strahlfäule kommen, da der Strahl in der Feuchtigkeit aufweicht und somit sehr anfällig für Zersetzungsvorgänge ist.

Jeden Tag gründlich misten und reichlich frisches Stroh einstreuen ist eine gesunde Haltungsweise für die Pferde während der Winterzeit.

Das Winterfell

Entwickeln die Pferde im Winter ein recht langes Winterfell (siehe Kapitel „Fellwechsel", S. 93), ist das Eindecken im Stall nicht erforderlich, eher sogar schädlich, weil die Hautoberfläche ihre Anpassungsfähigkeit an die Außentemperaturen einschränkt oder verliert. Ausnahmen sind dann gegeben, wenn es sich um ganz besonders alte Pferde handelt, die aufgrund von Kreislaufproblemen Durchblutungsstörungen zeigen und deshalb bei starker Kälte frieren oder ein sehr unterentwickeltes Winterfell haben.

Hier darf und muß in ganz extremen Winterzeiten eine Pferdethermodecke

An sonnigen Wintertagen ist die frische, klare Luft eine wertvolle Therapie für chronisch atemwegskranke Pferde, vorausgesetzt, sie haben ein dickes Winterfell und sind den Freilauf gewöhnt. Foto: Heike Groß

aufgelegt werden. Zusätzlich sollte mehrmals am Tag ein kleiner Spaziergang zum Ankurbeln des Kreislaufs unternommen werden; dies trägt dazu bei, die Körpertemperatur zu erhöhen.

In der Winterzeit muß ein größerer Energiegehalt in der Kraftfutterration enthalten sein.

Pferdeomis und -opis mit Arthrose und rheumatischen Beschwerden empfinden es als angenehm und wohltuend, wenn in der feuchten und kalten Jahreszeit an den erkrankten Gelenken durchblutungsfördernde Salben und Tinkturen, kombiniert mit wärmenden Wollbandagen in der Nacht angelegt werden.

Tagsüber empfiehlt sich das Anlegen von Wollbandagen bei Weidegang oder Auslaufhaltung nicht, da sie sich voll Nässe saugen, dadurch kalt werden und so eher schaden als Nutzen bringen. Da im Winter fast immer ein

Defizit an Sonnenlicht besteht, das wiederum für den Aufbau verschiedener Vitamine unentbehrlich ist, empfiehlt sich die regelmäßige Anwendung einer Solaranlage, wenn sie bei den Stalleinrichtungen vorhanden ist.

Die Reitarbeit mit älteren Pferden im Winter erfordert eine lange Aufwärmphase im Schritt, damit der Kreislauf aktiviert und die Muskulatur gelockert wird.

Durch die entstehende Körperwärme wird die Gelenkflüssigkeit elastischer und kann so die Stöße beim Auftreten besser auffangen.

Dieses behutsame Anreiten während der kalten Jahreszeit verhindert Zerrungen an Sehnen und Bändern.

Die Art der Reitarbeit richtet sich im wesentlichen nach der Beschaffenheit des Bodens, auf holprigem und gefrorenem Boden darf, wenn überhaupt, nur im Schritt geritten werden, um Verletzungen am Bewegungsapparat zu vermeiden.

Nach einem Geländeritt dürfen stark verschwitzte Pferde nicht ohne schweißaufsaugende und wärmende Decke stehen bleiben, da es sonst zu Erkältungskrankheiten kommt.

Als Alternative zum Reiten im Winter können Spaziergänge im Schnee viel Freude bereiten. Große Vorsicht ist vor Glatteisflächen geboten, gerade bei älteren Pferden können Knochenbrüche den Tod bedeuten, da die Heilungschancen sehr gering sind.

Ist das Pferd nach dem Reiten oder einem ausgiebigen Spaziergang sehr stark verschwitzt, muß eine sorgfältige Nachpflege vorgenommen werden, um Erkältungskrankheiten zu vermeiden.

Dazu gehört erst einmal das Abdecken mit einer schweißaufsaugenden und die Feuchtigkeit nach außen abgebenden wärmenden Pferdedecke. Bliebe das naßgeschwitzte Pferd ohne Decke stehen, würde es durch die entstehende Verdunstungskälte frieren. Vorhandene Schweißränder an der Sattellage werden mit lauwarmem (!) Wasser ausgewaschen; kaltes Wasser darf nicht verwendet werden, da es sich negativ auf Kreislauf und Nieren auswirken kann.

Ist im Stall keine Möglichkeit, warmes Wasser zuzubereiten, kann es in Thermoskannen mitgebracht werden. Nach dem Abwaschen ist es notwendig, das Pferd wieder schön warm einzudecken. Aber unbedingt beachten:

Die durchnäßte Decke darf keinesfalls über mehrere Stunden oder sogar über Nacht auf dem Pferd liegen bleiben, es wird unvermeidlich zu Unterkühlungen kommen. Nachdem das Pferd gut trocken ist, wird das Fell

noch einmal kräftig durch- und aufgebürstet. Das regt die Hautoberfläche zur verstärkten Durchblutung an, und die körpereigene „Heizung" wird aktiviert. Somit ist die isolierende Wirkung des Haarkleides wieder voll funktionsfähig.

Im langen, dichten Haarkleid des Winterfells bleibt die Schwitznässe länger haften, und so braucht es erheblich länger zum Trocknen als zur Sommerzeit.

Zum besseren Verständnis sei noch hinzugefügt, daß jedes einzelne Haar durch die Körperwärme vom Haaransatz her trocknet, also immer von innen (Haarwurzel) nach außen (Haarspitze). Daher ist der Abtransport der Feuchtigkeit über eine Pferdedecke aus

Werden einige wichtige Maßnahmen und Verhaltensregeln bei dem Winterausritt beachtet, macht es Pferd und Reiter viel Freude, durch den Schnee zu reiten.
Foto: Angelika Schmelzer

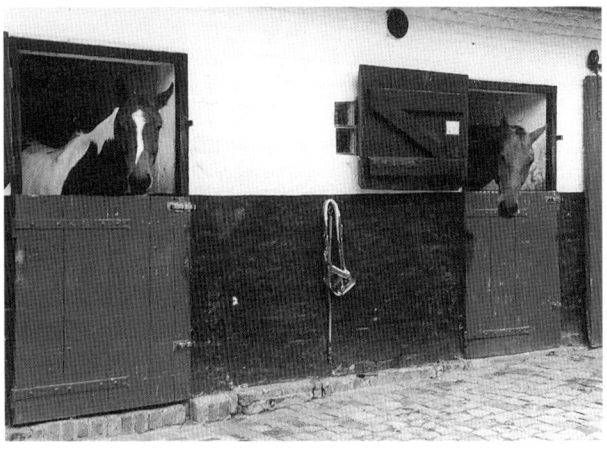

*Wenn die Boxen-
haltung in den
Wintermonaten
nicht zu umgehen
ist, dann bitte mit
„Blick nach
draußen".
Foto: Heike Groß*

entsprechender Microfaser nach außen so bedeutend für das Trocknen des Fells und sehr empfehlenswert bei stark verschwitzten Pferden.

In der nassen, matschigen Jahreszeit wälzen sich alle Pferde, selbst die alten Pferdeveteranen mit ihrem zotteligen Winterfell, besonders gern in Schlammlöchern, entsprechend paniert sehen sie dann hinterher aus.

Wird diese Schlammkruste nach dem Trocknen abgebürstet, kommt es zu starker Staubentwicklung, die für die Atemwege und Lunge sehr belastend ist. Ein Pferdestaubsauger mit entsprechendem Bürstensatz erfüllt hier wertvolle und vor allem der Gesundheit dienende Zwecke. Sicher ist ein völliges Absaugen einschließlich der „Schmutz-Schutz-Schicht" im Haarkleid nicht angebracht, aber für die Entfernung des groben, stark staubenden Drecks sehr sinnvoll.

Außerdem geht das Putzen schneller, es ist mehr Zeit für die Beschäftigung mit dem Pferd übrig, und die eigene

Bekleidung bleibt etwas sauberer. Während der Winterzeit ist ein besonderes Augenmerk auf die genaue Zusammenstellung der Kraftfutterration zu richten. Kalte Temperaturen erhöhen den Energieverbrauch des Pferdes, die Erhaltung der Körpertemperatur erfordert daher eine entsprechend höhere Kalorienzufuhr über die Nahrung.

Wird auf diesen „Mehrverbrauch" nicht geachtet, kommt es zur Abmagerung durch Unterversorgung. Daher muß die Futtermenge in der Winterzeit sehr genau den Bedürfnissen der Pferde angepaßt werden. Der Energieverbrauch bei Offenstallhaltung ist entsprechend höher als bei Boxenhaltung. Heu und gutes Rauhfutter sind in ausreichender Menge anzubieten, als Regel gilt:

Pro Tag 1,2 Prozent des Pferdegewichtes = Heumenge.

Barfuß laufende Pferde haben im Winter bei Eis und Schnee keine Probleme. Ihre mit Eisen beschlagenen Kollegen dagegen können während der Schneezeit nur in der Halle bewegt werden, da sich durch den am Eisen festfrierenden Schnee die sogenannten Klump- bzw. Stelzfüße bilden und das Pferd extrem beim Laufen behindern. Abhilfe können hier nur Kunststoffbeschläge schaffen, an denen der Schnee nicht festfrieren kann, oder der Hufgrip. Dieser Einlagenring zwischen Huf und Eisen ist aus Gummi, der den Schnee bei jedem Schritt aus dem Huf herausschleudert und so ein Anfrieren am Eisen verhindert.

HUFPFLEGE

Selbstverständlich muß auch bei älteren und ungerittenen Pferden eine regelmäßige Hufpflege durchgeführt werden, selbst wenn das Hornwachstum nicht mehr so stark ist wie in jüngeren Jahren. Wer meint, den Schmied bei diesen Pferden nur alle halbe Jahre mal nachsehen lassen zu müssen, handelt verantwortungslos. Gerade im Alter oder bei Gelenkerkrankungen ist eine korrekte Hufstellung, also ein regelmäßiger Beschnitt notwendig für gesunde Gliedmaßen. Mit zunehmendem Alter oder aufgrund von Verletzungen haben Sehnen und Bänder an Elastizität verloren und reagieren auf Stellungsfehler durch ungepflegte und zu lange Hufe mit Entzündungen und Lahmheit. Nachlässigkeiten in der Hufpflege bei Pferden können zu schlimmen Huf- und Beinerkrankungen führen.

Die Frage nach Eisenbeschlag oder Barfußlaufen sollte bei Pferden, welche kaum oder gar nicht mehr geritten werden, klar mit einer Entscheidung für die Abnahme der Eisen fallen! Der Hufbeschlag hemmt nach Ansicht von Hufexperten den natürlichen Hufmechanismus und damit die Blutzirkulation im Huf, wodurch im Laufe der Jahre eine Verschlechterung der Hornqualität eintritt. Die Hufform wird kleiner, Trachtenzwang und Strahlkrebs können die Folgen sein. Aber bitte Vorsicht bei der Abnahme der Hufeisen, die die Pferde viele Jahre getragen haben! Es ist eine ganz erhebliche und recht schwierige Umstellung, die nur in Zusammenarbeit mit einem erfahrenen Hufpfleger vorgenommen werden darf.

Eine Entscheidung nach dem Motto: einfach die Eisen runter und dann auf die Weide, würde unter Umständen zu schwerwiegenden Erkrankungen wie Huflederhautentzündung, Hufbeinsenkung usw. führen, oder die Stellungs-

Ein Pferd mit diesem Schenkelbeschlag braucht eine lange und sorgfältige Umstellungszeit für das Barfußgehen. Auf keinen Fall dürfen diese erhöhten Eisen einfach abgenommen werden, die zu abrupte Stellungsänderung der Gelenke kann Lahmheiten erzeugen.
Foto: Heike Groß

veränderung könnte Probleme im Bewegungsapparat hervorrufen. Sicher gibt es auch hin und wieder Einzelfälle, bei denen diese Radikalkur gutgeht, aber das sind Ausnahmen. Einige Voraussetzungen und wichtige Verhaltensmaßnahmen sind für eine richtige Umstellung auf das Barfußgehen notwendig. Dazu gehören:

· Richtiger Beschnitt der Hufe nach der Eisenabnahme (nicht zu kurz schneiden!)
· Tägliches Führen auf Asphaltboden, um die Hufe zu härten
· Tägliches Hufebaden mit anschließendem Einfetten
· Die Umstellung in einer Jahreszeit, in der die Wiese, bzw. der Paddockboden weich ist, es erleichtert dem Pferd das Gehen während der Umstellungsphase. Harter Boden kann, je nach Empfindlichkeit, zu Druckschmerzen und Hufgeschwüren führen.
· In den ersten Monaten, bis der Huf einmal komplett nachgewachsen ist, alle vier Wochen ein Korrekturschnitt, besonders dann, wenn das Pferd unter Zwanghufen leidet.

Was passiert nach der Eisenabnahme?

Jahrelanges Tragen der Eisen hat sich negativ auf die gesamte Huffunktion ausgewirkt; das Ausdehnen des Hufes bei Belastung (das Auftreten) wurde durch die starren Eisen eingeschränkt, dadurch ist u. U. eine Unterversorgung des Hufes mit den notwendigen Nährstoffen über die Blutversorgung eingetreten. Minderwertiges Hufhornwachs-

tum kann die Folge sein. Werden die Eisen abgenommen, tritt ein stärkerer Bewegungsablauf im Huf ein, der, weil ungewohnt, zu schmerzhaften Empfindungen führen kann.

Klammes Gehen, vorsichtiges Aufsetzen des Hufes bis hin zum Lahmen treten auf. Der Huf braucht, je nach Empfindlichkeit des Pferdes, viel Zeit, sich dieser Veränderung anzupassen. Die gesamte Struktur des Hufes muß sich verändern bzw. umstellen, was sich über einen langen Zeitraum hinziehen kann.

Ein durch jahrelangen Eisenbeschlag geschädigtes Hufhorn ist porös und nicht sehr strapazierfähig. Nach Abnahme der bisher „schützenden" Eisen ist ein Ausbrechen der Hufränder, besonders an den Nagellöchern, zu erwarten.

Harthufige Pferde überstehen diese Umstellung leichter und schneller, weichhufige Pferde zeigen größere und länger andauernde Probleme. KERALIT-Huffestiger ist bei solchen Situationen eine gute Hilfe zur Festigung der Hufe.

Maßnahmen und Pflege nach der Eisenabnahme

Um die Hornqualität zu verbessern, ist ein tägliches Hufebaden von mindestens 15 Minuten dringend anzuraten. Besonders eine Umstellung in der trockenen Jahreszeit macht solche Maßnahmen nötig. Nur so erhält das Hufhorn genügend Feuchtigkeit, um ein starkes Ausbrechen an den Hufkanten zu vermeiden.

Nach dem Baden sollten die Hufe gut eingefettet werden, damit die Feuchtigkeit möglichst lange im Hufhorn eingeschlossen bleibt.

*Verschiedene
Formen und Farben
von Kunststoff-
beschlägen.
Foto: Heike Groß*

Regelmäßiges Rundfeilen der abge-
bröckelten oder eingerissenen Hufränder verhindert das Entstehen größerer
Defekte.

Ein mindestens halbstündiger Spaziergang pro Tag auf Asphalt hilft die
Hufsubstanz zu härten und macht die
Hufe insgesamt widerstandsfähiger.
Als sehr hilfreich und wirksam hat sich
während dieser Umstellungsphase eine
mehrmonatige Biotin-Kur für ver-
stärktes Hufwachstum erwiesen, sie
beschleunigt die Neubildung qualitativ guter Hufhornsubstanz.

War ein orthopädischer Hufbeschlag
über Jahre hinweg am Pferdehuf, ist
bei der Abnahme der Hufeisen der
Beschnitt so durchzuführen, daß die
Stellungsänderung möglichst nicht zu
stark ausfällt. Die Kürzung soll einen

Zentimeter bei diesem ersten Beschnitt nicht überschreiten, es kann sonst zu Sehnen- und Bänderschäden kommen. Nach der Abnahme der Eisen wird das Pferd für eine gewisse Zeit sehr empfindlich und fühlig gehen.

Besonders Wege mit spitzen Schottersteinen werden ihm zu schaffen machen, solche Strecken sind in diesen ersten Wochen und Monaten zu vermeiden. Je nach Empfindlichkeit ist es für das Pferd angenehmer, in dieser Zeit der Umstellung nicht geritten, sondern nur spazierengeführt zu werden.

Es ist sicherlich eine sorgfältig zu überlegende Entscheidung, ob die Eisen abgenommen werden sollen. Welche Folgen eintreten, ob alles in kurzer Zeit gutgeht, kann nie im voraus gesagt werden, denn es hängt von vielen Faktoren ab:
· Jahreszeit der Eisenabnahme
· Bodenverhältnisse
· Empfindlichkeit der Hufsohle
· Festigkeit des Hufes
· tägliche Pflegemaßnahmen
· Erfahrung des Hufpflegers

Nun gibt es allerdings auch Problempferde, was die Hornqualität und Hufsohlenempfindlichkeit betrifft. Manche Pferde sind selbst im ungerittenen Zustand nicht in der Lage, ihr Leben ohne einen Hufschutz verbringen zu können, obwohl sie größtenteils nur auf weichem Boden stehen.

Hier empfiehlt sich als sinnvolle Alternative zu einem Eisenbeschlag die Verwendung eines Kunststoffbeschlags.

Er läßt dem Huf größtmögliche Bewegungsfreiheit und bietet fühligen Pferden einen guten Schutz. In den vergangenen Jahren wurde viel für die Entwicklung haltbarer und optimal passender Kunststoffbeschläge getan, so daß der Pferdebesitzer heute in einem vielfältigen Angebot an Beschlägen genau das richtige Material und die geeignete Form für sein Pferd finden kann.

Ein Hufschmied mit viel Erfahrung im Kunststoffbeschlag kann gut beraten und bei der Entscheidung zum Beschlag helfen.

Hufkrankheiten

Mit zunehmendem Alter steigt die Gefahr, daß Pferde bei schlechter Hufpflege Hufkrankheiten bekommen. So wie sich alle anderen Körper- und Organismusfunktionen zurückbilden, reduziert sich auch die Bildung neuen Hufhorns, gleichzeitig wird die Qualität schlechter.

Aus diesen Gründen ist vermehrt auf eine sorgfältige Hufpflege und eine ausgewogene Ernährung bei älteren Pferden zu achten.

Tägliches Auskratzen der Strahlrinne, in trockener Jahreszeit regelmäßige Hufbäder, saubere und trockene Boxeneinstreu sind unverzichtbar.

Zu den möglichen Erkrankungen gehören u.a. Hufkrebs, Hufgeschwür und Hufabszesse. Beim Hufkrebs bilden sich an der Hufsohle weiche, bröselige, schmierige Wucherungen, sie müssen operativ bis zum Ansatzpunkt entfernt werden; anschließend erfolgt eine aufwendige Nachbehandlung.

Eine der Möglichkeiten zur Entstehung von Abszessen liegt in der Bildung von Hornspalten.

Je nach Schwere der Erkrankung am Huf ist die Aussicht auf Heilung und ein schmerzfreies Gehen in absehbarer Zeit für die Lebensqualität des Pferdes entscheidend. Hier ist der Sinn einer Behandlung oder die Erlösung des Tieres von den Schmerzen mit einem Tierarzt sorgfältig abzusprechen.

Hufknorpelverknöcherung

Die Hufknorpelverknöcherung gehört zu den altersbedingten Verschleißerkrankungen, deren Ursache in starker Beanspruchung, fehlerhafter Hufstellung und / oder Beschlagfehlern zu sehen ist.

Vereinzelt kann sie bei Fehl- und Überbelastungen auch bereits bei jüngeren Pferden auftreten.

Es findet eine allmähliche Umbildung des einst elastischen Hufknorpels in Knochengewebe statt. Dieses härtere Knochengebilde drückt auf das umliegende Gewebe.

Als erste Maßnahme im Anfangsstadium der Hufknorpelverknöcherung erfolgt ein Entlastungsschnitt in der Hufwand; der Druck wird verringert und somit auch der Schmerz.

Reicht dies zur Schmerzlinderung nicht mehr aus, muß die Verknöcherung operativ unter Vollnarkose entfernt werden.

Eine Vollnarkose ist speziell bei älteren Pferden risikoreich, da sie für den Kreislauf sehr belastend ist. Erfahrene Tierärzte können eine leichte Narkose entsprechend den organischen Voraussetzungen und dem gesundheitlichen Zustand des Pferdes vorsichtig dosieren.

DER FELLWECHSEL

Von Jahr zu Jahr wird der Fellwechsel für den älter werdenden Pferdeorganismus immer belastender, Fellwechselprobleme gehören deshalb mit zu den typischen Altersanzeichen ab dem zwanzigsten Lebensjahr. Neben dem eigentlichen Winterfell trägt eine angewachsene Fettschicht unterhalb der Haut zur Wärmeisolierung in den kalten Wintermonaten bei. Treten bereits während der Sommerzeit Stoffwechselstörungen auf, ist der Organismus nicht in der Lage, eine für den Winter ausreichend dicke Wärmefettschicht zu bilden. Das Winterfell muß nun ganz alleine die Wärmeregulierung des Körpers übernehmen. Im Alter entwickelt sich oft eine nicht mehr den äußeren Wetterverhältnissen und Temperaturen angepaßte Fellbildung, sondern es entsteht ein sogenanntes „Angstfell". Der Organismus beginnt bereits in den frühen Herbstmonaten mit dem Wachstum des Winterfells, obwohl die herrschenden Außentemperaturen dazu noch keinen Anlaß geben. In Erwartung kalter Wetterverhältnisse wird ein stark ausgeprägtes, recht langes Haarkleid gebildet. Diese extrem langen Haare, sie werden auch als Grannen bezeichnet, benötigen zum Wachstum Kraftreserven aus dem Organismus. Zusätzliche Vitaminkuren, im Pferdefachhandel erhältlich, zeigen eine deutlich positive Wirkung zum einen auf das Allgemeinbefinden und zum anderen auf das Fellwachstum. Zur weiteren Unterstützung des Fellwechsels bzw. des Fellwachstums können Biotinkuren in der Zeit von Anfang September bis November und im Frühjahr von Februar bis April gute Dienste leisten. Ebenfalls ist die Fütterung von Hefebolis (Yea-Sacc) zu empfehlen, um die Verdauung bestmöglich zu aktivieren. Täglich drei Eßlöffel Lebertran wirken sich zusätzlich günstig auf die Fellbeschaffenheit aus. Eine vermehrte Gabe an frischen Vitaminen ist im Winter bei den Pferden sehr willkommen und nützlich, in den täglichen Fütterungsplan können Bananen (ohne Schalen), Rote Bete, Apfelsinen (ohne Schale) und natürlich Möhren und Äpfel reichlich aufgenommen werden. Kräftiges Bürsten mit einem Massagestriegel (Gummigroom) massiert die Hautoberfläche und regt den Blutkreislauf an, auf diese Weise wird die Durchblutung der obersten Hautschicht gefördert. Das Fellwachstum wird unterstützt und die Fellbeschaffenheit verbessert.

Ein Nachteil des langen Winterfells besteht in seiner intensiven Pflegebedürftigkeit. Die Haare verkleben sehr leicht durch Dreck und Schweiß und verlieren dann ihre isolierenden und wärmenden Eigenschaften, daher muß das Fell täglich gut gesäubert werden - ein wichtiger Punkt, der in den Wintermonaten in der Pferdepflege unbedingt beachtet werden muß. Zum Frühjahr besteht für den Organismus eine starke Belastung im Abstoßen dieses langen Winterfells. Das alte Haarkleid wird meist in großflächigen Partien abgestoßen, am längsten hält es sich im Bereich des Bauches und an den Beinen. Das tote Haar verursacht dem Pferd ein lästiges Jucken auf der Haut, deshalb empfindet es ein tägliches Ausbürsten dieser losen Haare aus dem Fell als sehr angenehm. Selber

versucht es sich durch kräftiges Wälzen und Scheuern im Schlammboden und an Zaunpfählen oder Bäumen dieses Fells zu entledigen. Beim Putzen eignet sich hier der Einsatz eines Staubsaugers, der das lose Haar aus dem Fellkleid herauszieht. Das unangenehme Umherfliegen der losen Haare entfällt, sie können büschelweise von der Staubsaugerbürste abgenommen und entsorgt werden. Die im Pferdesportzubehör erhältlichen Handstaubsauger sind in ihrer Leistung für diese Anforderungen nicht immer ausreichend, es empfiehlt sich, lieber direkt einen leistungsfähigeren Pferdestaubsauger anzuschaffen. Bei Robustpferderentnern, die besonders langes und dichtes Fell zeigen, empfiehlt sich sogar im späten Frühjahr ein komplettes Freischeren des Pferdekörpers vom Winterfell, es erleichtert dem gesamten Stoffwechsel den Übergang zum Sommerfell. Allerdings ist zu beachten, daß bei nochmals eintretenden kälteren Temperaturen, vor allem bei Offenstallhaltung und in der Nacht, das Pferd mit einer gut sitzenden Decke (Thermodecke mit fest angespanntem Bauchgurt) warm gehalten werden muß! Diese Scheraktion sollte nur bei Pferden angewendet werden, die große Probleme beim Abwerfen des Winterfells haben und es ansonsten bis in die Sommermonate hinein tragen.

Folgende Futtermittel wirken sich unterstützend auf den Fellwechsel aus:
· Biotin-Kur
· Lebertranöl
· Leinsamen
· Yea-Sacc-Hefe
· Bananen, Apfelsinen, Rote Bete, Äpfel und Möhren
· Vitaminkuren

ZAHNVERÄNDERUNGEN IM LAUFE EINES PFERDELEBENS

Die Entstehung bzw. Entwicklung des Pferdegebisses zieht sich von der Geburt an über mehrere Jahre hinweg, erst beim Erreichen des sechsten Lebensjahres ist es vollständig ausgebildet.

Bereits ab dem achten Lebensjahr lassen sich die ersten Anzeichen der Altersabnutzung erkennen, die sich bis zum Tod des Pferdes fortsetzen. Die deutlichen Veränderungen an Kau- und Reibflächen der Zahnoberflächen geben Hinweis auf das ungefähre Alter eines Pferdes bis ca. zum zwölften Lebensjahr, ab diesem Zeitpunkt läßt sich das Lebensalter nur noch grob schätzen. Ganz alte Pferdeveteranen zeigen sehr abgenutzte und teilweise nicht mehr gebrauchsfähige Gebisse.

Ab dem 18. Jahr wandeln sich die Reibflächen der Schneidezähne erst von dreieckiger, breitovaler Form hin zu längsovaler Form. Die Stellung bzw. die Gebißform der Schneidezähne verändert sich stark, je nach Beanspruchung. Die ehemals in Halbbogenform angeordneten Schneidezähne stehen im zunehmenden Alter in fast gerader Reihe nebeneinander. Die Schneidezähne, wichtig zur Aufnahme des Weidefutters, verändern ihre stumpfwinklige Stellung im zunehmenden Alter in einen immer spitzer werdenden Winkel, dadurch wird der Vorgang des Grasrupfens für den Pferderentner

---

Veränderungen an Reibflächen der Zahnkronen ab dem 12. Lebensjahr:

12. Jahr: Die Reibflächen bei den Zangenzähnen am Unterkiefer werden rund
13. Jahr: Die Reibflächen bei den Mittelzähnen am Unterkiefer werden rund
14. Jahr: Die Reibflächen bei den Eckzähnen am Unterkiefer werden rund
15. Jahr: Die Reibflächen bei den Zangenzähnen am Oberkiefer werden rund
16. Jahr: Die Reibflächen bei den Mittelzähnen am Oberkiefer werden rund
17. Jahr: Die Reibflächen bei den Eckzähnen am Oberkiefer werden rund

---

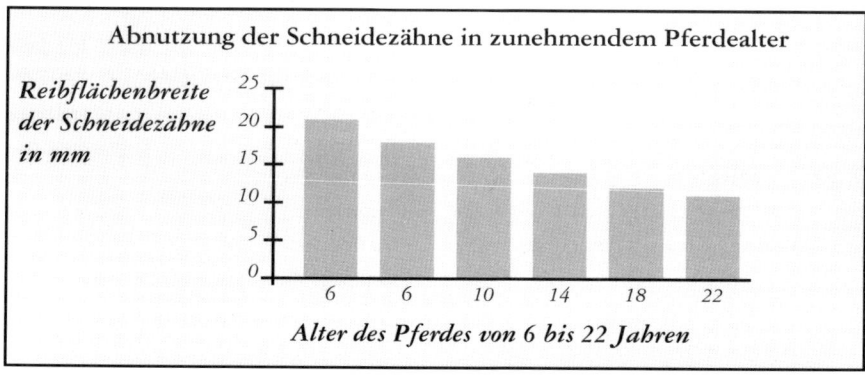

Abnutzung der Schneidezähne in zunehmendem Pferdealter

Reibflächenbreite der Schneidezähne in mm

Alter des Pferdes von 6 bis 22 Jahren

Diese beiden Bilder zeigen die Zahnveränderungen einer 28 Jahre alten Stute: Die äußeren Schneidezähne haben sich stark verschoben, die Zähne stehen fast waagerecht im Kiefer, die Zahnhälse liegen bereits sehr frei.
Fotos: Heike Groß

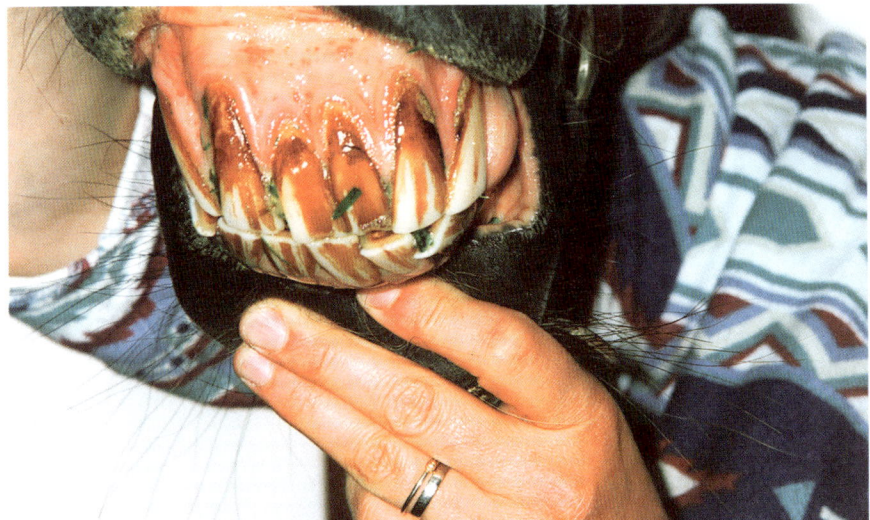

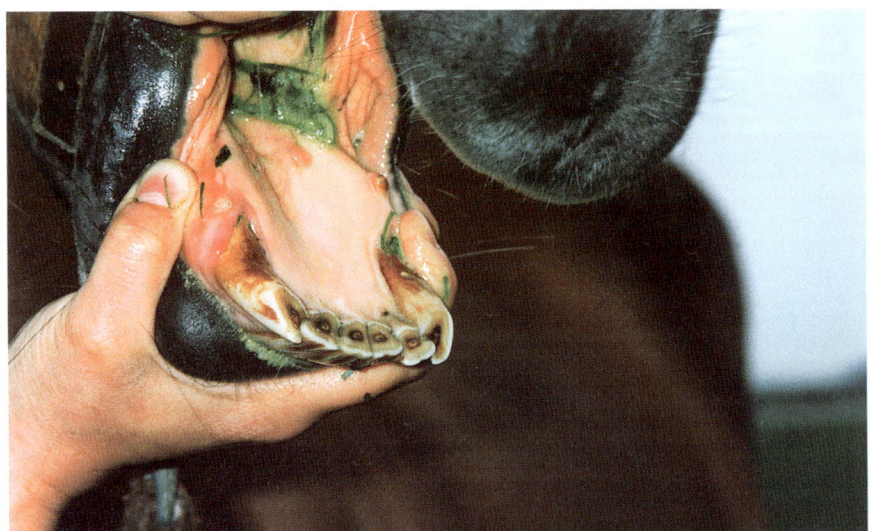

schwieriger. Mangelnde Versorgung mit Mineral- und Vitaminstoffen kann zu schnelleren Abnutzungserscheinungen der Reibflächen führen, da die Zahnsubstanz durch diese Unterversorgung nicht genügend widerstandsfähig geblieben ist.

Die Auswahl des Futters spielt ebenfalls eine bedeutende Rolle bei der Abnutzung der Zahnoberflächen, ständiger Weidegang nutzt die Zähne schneller ab. Bei Gebißanomalien wie Hecht- oder Karpfengebiß, Krippenwetzer oder bei schiefgestellten Schneidezähnen ist die Altersbestimmung sehr schwierig, da während der vorangegangenen Lebensjahre eine ungleichmäßige Abnutzung stattgefunden hat.

Die bereits erwähnte Abnutzung der Zähne läßt den Zahn selber nicht kürzer werden, sondern entsprechend der Intensität der Kauflächenabnutzung schiebt sich die Zahnwurzel langsam aus dem Kiefer heraus und verlängert den Zahn automatisch wieder.

In den ersten Lebensjahren bildet sich an der Zahnwurzel neue Zahnsubstanz, was mit zunehmendem Alter nachläßt. Trotzdem schiebt sich die Zahnwurzel weiterhin nach oben, die entstehenden Lücken an der Zahnwurzel im Kiefer, die sogenannten Zahnfächer, schließen und verkleinern sich.

Je länger dieser Vorgang im Alter eines Pferdes stattfindet, desto mehr verliert der Zahn an Halt im Kiefer, Zahnverschiebungen bis hin zum Zahnverlust sind die Folge.

Die Auswirkung der lebenslangen Zahnabnutzung und dadurch entstandene anomale Gebißformen im Pferdealter machen oft aufwendige Zahnbehandlungen und -operationen erforderlich. Für eine ausreichende mechanische Zerkleinerung der Nahrung ist ein voll funktionstüchtiges Gebiß eine notwendige Voraussetzung. Liegen in diesem Bereich Defekte vor, wird das Futter nicht genügend zermahlen und für den weiteren Verdauungsvorgang aufgeschlossen. Dies hat zur Folge, daß die Nährstoffe aus dem Futter nicht vollständig aufgenommen werden, und so kommt es zu einer Unterversorgung des Stoffwechsels mit lebenswichtigen Nährstoffen. Ein allgemeiner schlechter Gesundheitszustand, Schwächung des Abwehrsystems sowie Abmagerung sind die Konsequenzen.

Besonders in zunehmendem Pferdealter ist mit vermehrt auftretenden Zahnproblemen unterschiedlichster Form zu rechnen. Der Oberkiefer des Pferdes ist um einiges schmaler als der Unterkiefer, dadurch kaut das Pferd jeweils nur auf einer Seite. Mit diesen seitlich ausgeführten Kauschlägen wird das Futter zu einem feinen Brei zermahlen, die Zunge schiebt die Nahrung von einer Kieferseite zur anderen.

Bei ungenügender Kautätigkeit bilden sich an den inneren Rändern der Unterkieferbackenzähne Spitzen und scharfe Kanten aus hartem Zahnschmelz, die zu Entzündungen und Verletzungen am Zahnfleisch führen.

Diese überstehenden Zahngebilde müssen mit einer Zahnfeile vom Tierarzt abgeschliffen werden.

Selten verliert ein Pferd einen Backenzahn, ist dieser Fall aber doch eingetreten, wird sich der gegenüberliegende Zahn ungehindert in die Länge schieben, da der Gegenabrieb fehlt.

Irgendwann stößt er auf das Zahnfleisch dieser Zahnlücke und verursacht dort entzündliche und sehr schmerzhafte Verletzungen. Das Pferd wird das Kauen auf ein ihm noch erträgliches Minimum einschränken und dabei innerhalb kürzester Zeit stark abmagern. In diesem Fall muß der zu lang gewordene Zahn entweder gezogen oder mit einer (elektrischen) Zahnraspel um die Hälfte gekürzt werden.

Dies ist ein nicht unerheblicher Eingriff und nur unter einer Vollnarkose möglich. Soll eine Zahnoperation im heimatlichen Stall durchgeführt werden, um dem älteren Pferd einen stressigen Transport und Aufenthalt in einer Pferdeklinik zu ersparen, müssen die Voraussetzungen für einen reibungslosen Verlauf der Operation gesichert sein, dazu gehört:

· Eine große (mindestens 4 x 4 m) sauber eingestreute Box
· Stromanschluß für zusätzliche Beleuchtung und Maschinen

*Wenn eine Zahn-
operation erforder-
lich ist, muß das
Pferd in eine leichte
Narkose versetzt
werden, die nur für
die Dauer der Ope-
ration anhält.
Mittels einer Kie-
ferklemme wird das
Maul aufgehalten.
Dies ist besonders
bei Eingriffen an
den tief sitzenden
Backenzähnen not-
wendig, da sie für
eine Behandlung
schwer zugänglich
sind.
Fotos: Heike Groß*

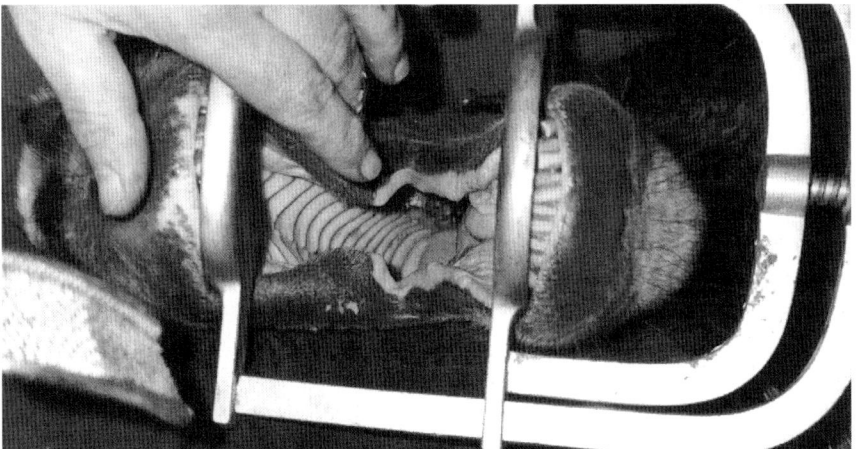

· Wasseranschluß (möglichst für warmes Wasser).

Fehlen diese Voraussetzungen, weil das Pferd vielleicht in einer Offenstallhaltung lebt, muß für die Operation eine Klinik aufgesucht werden.

Besitzer älterer Pferde sind gut dran, wenn sie einen Tierarzt haben, der ein Abmagern des Pferdeveteranen in zahnbedingten Ursachen vermutet und entsprechende Behandlungen vornehmen kann.

Liegen diese Defekte an den Backenzähnen im hinteren Kieferbereich, kann eine Behandlung, je nach Temperament und Willen des Pferdes, recht schwierig werden. Oft bleibt nur der Weg einer kurzen, wohldosierten Vollnarkose als letzte Möglichkeit.

Ein erfahrener Tierarzt kann solche Behandlungen im heimatlichen Stall ausführen, damit ein für das Pferd physisch und psychisch sehr belastender Aufenthalt in einer Tierklinik nicht nötig wird.

Wichtig: Je älter das Pferd wird, um so öfter müssen routinemäßige Zahnkontrollen vom Tierarzt durchgeführt werden, um kleinere Defekte frühzeitig zu erkennen und schwerwiegenden Veränderungen vorzubeugen.

GESUNDHEITSPFLEGE BEI ÄLTEREN ODER UNREITBAREN PFERDEN

Tips zur gesunden Pferdehaltung

Reine Boxenhaltung bitte unbedingt vermeiden! Sie ist in keiner Weise artgerecht und begünstigt viele Krankheiten und Verhaltensstörungen.

Mindestens zehnstündigen Auslauf täglich ermöglichen, im Sommer und im Winter!

Im Sommer wäre ein Tag- und Nachtweidegang die beste und gesündeste Haltungsweise für Pferde.

Eine bedarfsgerechte Futterration mit ausreichender Vitamin- und Mineralstoffversorgung und Abwechslung in den Futtersorten, hin und wieder zusätzlich versehen mit einer Kräutermischung, bestimmt das Wohlbefinden der Pferde.

Eine vermehrte Kalorienzufuhr während der kalten Jahreszeit verhindert eine Gewichtsabnahme. Regelmäßige Wurmkuren, Impfungen, Zahnkontrolle und Hufpflege sind notwendige Maßnahmen zur Gesunderhaltung.

Eine Blutuntersuchung gibt Aufschluß über eventuell vorhandene Unterversorgung von Mineralstoffen und krankhafte Veränderungen oder Fehlfunktionen von Leber und Nieren.

Ausreichend sozialer Kontakt mit den Artgenossen im Herdenverband sowie die regelmäßige Betreuung durch den vertrauten Menschen sind für das psychische Wohlbefinden unverzichtbar.

Im Sommer ist ein ausreichend großer Unterstand für alle auf der Weide vorhandenen Pferde notwendig, damit sie genügend Schutz vor der heißen Sonne und allzu lästiger Fliegenplage finden.

Im Winter müssen Pferde, wenn sie nach dem Reiten sehr verschwitzt sind, gut „getrocknet" werden, damit Erkältungskrankheiten erst gar nicht auftreten. Eine qualitativ hochwertige Abschwitzdecke aus einer Microfaser eignet sich dazu am besten.

Jährlicher Gesundheitscheck:
· Blutuntersuchung
· Zahnkontrolle
· Kotuntersuchung

Regelmäßige tierärztliche Versorgung

Impfungen
Zu den unverzichtbaren Schutzimpfungen gehören die gegen Tetanus und Tollwut, sie müssen regelmäßig einmal jährlich vom Tierarzt gespritzt werden. Gerade ältere Pferde sind oft recht empfindlich in bezug auf Hustenerreger und Virusinfektionen, einen guten Schutz bietet die kombinierte Resiquinimpfung, die halbjährlich durchgeführt werden muß.

Wurmkuren
Regelmäßige Wurmkuren sind einerseits unverzichtbar, andererseits für den älter werdenden Pferdeorganismus aufgrund der Inhaltsstoffe recht belastend. Will der Pferdebesitzer deshalb lieber auf die Wurmkur verzichten, muß er dann bei einem akut eingetretenen Wurmbefall mit einer langen Erholungsphase seines alten Pferdes rechnen. Es magert extrem schnell ab, sein

Immunsystem wird sehr geschwächt und es ist daher für andere Krankheiten anfällig. Wie soll der Pferdebesitzer nun bei diesem Sachverhalt optimal für sein Pferd entscheiden?

Zeigt das Pferd einen stabilen und gesunden Zustand, kann und sollte regelmäßig eine Wurmkur durchgeführt werden.

Zusätzlich ist gleichzeitig die Verabreichung von Vitaminkuren empfehlenswert, damit der Organismus bei der Aufnahme der Wurmmittel bestens unterstützt wird.

Ein ständiger Wechsel der Wurmkurmittel ist anzuraten, damit kein Resistenzverhalten des Pferdeorganismus gegenüber den einzelnen Wurmmittelmedikamenten auftritt. Ältere Pferde sind besonders anfällig für den Pfriemenschwanz. Zur Kontrolle über einen eventuellen Wurmbefall (speziell Bandwurm) ist es anzuraten, einmal jährlich eine Kotprobenuntersuchung durchzuführen.

Bach-Blütentherapie bei Pferden

In den letzten Jahren findet die Bach-Blütentherapie immer mehr Beachtung und Anwendung in der Menschenheilkunde. Aber auch in der Tierheilkunde hat sie sich in der Vergangenheit als sanftes und erfolgreiches Heilmittel sehr bewährt.

Die Bach-Blütentherapie gründet auf achtunddreißig heilkräftigen Blüten von Kräutern, Stauden, Sträuchern und Bäumen. Sie können wunderbar miteinander kombiniert werden, um eine bestmögliche Wirkung zu erzielen.

Eine Überdosierung ist nicht möglich, eine falsche Blütenkombination schadet nicht, sie bringt allenfalls keine Wirkung. In diesem Kapitel werden nur die für ältere Pferde nutzbringenden Blüten aufgeführt, die Aufführung aller Bach-Blüten und ihrer Wirkung würde den Rahmen dieses Buches sprengen.

Eine der wichtigsten Grundvoraussetzungen beim Einsatz der Bach-Blütentherapie ist die artgerechte und naturgemäße Haltungsweise und ein für das Pferd zufriedenstellendes Umfeld. Nur wenn Körper, Seele und Geist miteinander im harmonischen Einklang stehen, können die Tropfen ihre Wirkung entfalten.

Für die Anwendung bei Pferden eignen sich besonders folgende Blütenessenzen:

H e a t h e r (calluna vulgaris), schottisches Heidekraut

Diese Blüten bewirken, daß die Pferde mehr Lebensfreude, Gesundheit und Vitalität ausstrahlen.

H o n e y s u c k l e (lonicera caprifolium), Geißblatt

Es wirkt auf den alternden Organismus revitalisierend und belebend. Es aktiviert die Lebensfreude der Pferde.

Ist ein Umzug in einen anderen Stall geplant, hilft es, die neue Umgebung und die neuen Artgenossen besser zu akzeptieren.

H o r n b e a m (carpinus betulus), Weißbuche oder Hainbuche

Sehr gut für Pferde, die an rheumatischen Beschwerden leiden und morgens schwer in Gang kommen.

Es trägt zur allgemeinen Stärkung von Gelenken, Sehnen und Bändern bei.

O l i v e (olea europaea), Olivenbaum

Sie gibt dem Körper wieder Kraft und Energie, besonders wenn chronische, kräftezehrende Krankheiten vorliegen.

O a k (querucus robur), Eiche

Alte und müde wirkende Pferde, die körperlich aber noch recht fit sind, erhalten durch Oak neuen Schwung und Lebensfreude.

W i l d R o s e (rosa canina), Hundsrose

Sie stärkt den Organismus und den Lebenswillen.

W i l l o w (salix vitellina), gelbe Weide

Ältere und chronisch kranke Tiere können durch ständige, kleinere Beschwerden mißmutig und launisch werden. Hier hilft Willow die letzten Lebensjahre angenehmer zu ertragen.

Anwendung und Dosierung

Die Bach-Blüten können über die Apotheke besorgt werden.

Es gibt sie in sogenannten Stockbottles, als Konzentrat. Die Mischung wird mit stillem, also kohlensäurefreiem Wasser hergestellt.

Von den verwendeten Blütenkonzentraten nimmt man jeweils zwei Tropfen auf zehn ml Wasser.

Kein Leitungs- oder destilliertes Wasser nehmen, da so die Wirkung der Blüten verfällt.

Es können beliebig viele verschiedene Blüten gemischt werden, sie behindern sich nicht in der Wirkung, im Gegenteil, sie ergänzen sich. Die Mischung ist ca. drei Wochen haltbar.

Erstellung der Mischung

Es werden von jeder Sorte jeweils zwei Tropfen mit einer Pipette herausgenommen und in eine kleine Flasche mit 10 ml Wasser gefüllt.

2 Tropfen Heather
2 Tropfen Honeysuckle
2 Tropfen Hornbeam
2 Tropfen Olive
2 Tropfen Oak
2 Tropfen Wild Rose
2 Tropfen Willow

in 10 ml kohlensäurefreies Wasser geben.

Täglich sollten mindestens eine, besser bis zu vier Gaben mit jeweils fünf Tropfen der oben aufgeführten Blütenkonzentratmischung verabreicht werden.

Dazu eignet sich ein sehr kleines Stück Brot, je kleiner es ist, desto länger behält es das Pferd im Maul, und die Wirkung wird intensiver.

Wichtig für die impulsgebende Wirkung der Bach-Blüten ist eine regelmäßige Verabreichung der Tropfen.

Diese Therapie kann bis zu einen Jahr andauern, dann sollte vorerst eine Pause eingelegt werden.

Tritt nach einer gewissen Zeit wieder eine Verschlechterung des körperlichen Befindens ein, wird die Therapie wieder aufgenommen.

Homöopathische Hilfe bei chronischem Husten

Bei chronischen Atemwegserkrankungen entstehen Verengungen der Atemwege, sogenannte Bronchospasmen, die eine eingeschränkte Atmungstätigkeit der Bronchien bewirken.

Bestimmte Medikamente (Bronchospasmolytikum) erzielen eine Entkrampfung der Muskulatur der Bronchien, so daß diese sich wieder erweitern können und dem Pferd die Atmung erleichtert wird.

Bei Pferden mit stark geschädigter Lungenfunktion müssen diese Mittel auf Dauer verabreicht werden, um noch einige Jahre Lebensqualität zu ermöglichen.

Neben diesen pharmazeutischen Substanzen können naturheilkundliche Medikamente ebenfalls eine Linderung, jedoch keine Heilung bewirken. Sie sind auf einen längeren Zeitraum, eventuell lebenslang angewendet, für den gesamten Körperorganismus schonender und nicht so belastend.

Zu diesen auf natürlicher Basis helfenden Mitteln gehören:

· Tägliches Inhalieren mit Kräuterölen (es gibt für Pferde spezielle Inhalationsgeräte)
· Verabreichung homöopathischer Medikamente in niedrigen Potenzen
· Fütterung von ausgewählten Kräutern
· Zugabe von Kräutertees und Kombuchatee

Das Inhalieren muß natürlich erst einmal geübt werden, aber die chronisch kranken Pferde akzeptieren es sehr schnell, wenn sie merken, daß es ihnen eine Erleichterung beim Atmen verschafft. Dazu eignet sich am besten ein schmaler, hoher Eimer.

Auf den Boden werden einige Tropfen Kräuteröl, (Japanisches Öl, Eukalyptusöl, spezielle Mischungen oder Bronchofortonsalbe) gegeben, mit einem halben Liter heißem Wasser übergossen und verrührt. Das Pferdemaul wird nun über diesen Eimer gehalten und mit einem Handtuch zugedeckt. Wenn das Pferd das Tuch nicht mag, kann auch darauf verzichtet werden. Es sollte darauf geachtet werden, daß die Dämpfe nicht zu beißend und zu heiß sind, besser ist es, selber vorher einmal die Mischung einzuatmen. Während des zehn- bis fünfzehnminütigen Inhaliervorganges sind nach zwei- bis dreimaligem Einatmen immer kleine Pausen einzulegen.

Nie dürfen Gewalt und Zwang angewendet werden, das Pferd muß es freiwillig über sich ergehen lassen. Nach einiger Zeit wird es diesen Vorgang als angenehm empfinden und ruhig beim Inhalieren stehenbleiben.

Wer es einfacher haben will, kann im Pferdefachhandel ein Inhalationsgerät für Pferde erwerben, der Preis liegt bei ca. 300,- DM.

Bei der Gabe von homöopathischen Medikamenten wird bei chronischen Erkrankungen immer eine niedrige Potenz gewählt, die eine regelmäßige Verabreichung ermöglicht.

Bei der Pferdefütterung sind diese Mittel in Tablettenform dem Pferdefutter unterzumischen und werden so problemlos vom Pferd aufgenommen. Zu den geeigneten homöopathischen Mitteln bei chronischen Atemwegserkrankungen gehören:

· Aconitum
· Ammonium Jodatum
· Bryonia
· Drosera
· Kalium Jodatum
· Lachesis
· Phosphor
· Silicea

Homöopathische Medikamente

Kaschmieder Balsam 49 ist eine Flüssigkeit zum Eingeben, die der Reinigung und Desinfektion der oberen Luftwege dient.

Man gibt morgens und abends je ein bis zwei Flaschen in die Maulspalte. Nasenausfluß und schleimiger Auswurf werden nach dieser Anwendung leichter gelöst, das Pferd kann wieder freier atmen.

Diese Kur sollte eine Woche lang mit einem Tag Unterbrechung durchgeführt werden, damit sich alle Schleimreste gut lösen können.

Der Kaschmieder Balsam enthält Terpentinöl, geschwefeltes Leinöl, Eukalyptusöl, Anisöl, Fenchelöl, Thymianöl und Kiefernnadelöl.

Mit welchen Potenzen und Mengen die einzelnen Mittel zur Therapie eingesetzt werden müssen, ist am besten von einem erfahrenen, ortsansässigen Tierheilpraktiker auszuwählen und zu entscheiden.

Eine hustenreizstillende und schleimlösende Wirkung findet man bei speziellen Kräutermischungen, die den chronisch erkrankten Pferden zusätzlich eine Linderung ihres Leidens und Wohlbefinden verschaffen. Allerdings ist es eine recht kostspielige Angelegenheit, wenn die Kräuter gekauft werden müssen und nicht selbst gepflückt und gesammelt werden können. Eine tägliche Kräuterration hätte die optimale Wirkung, aber es reicht auch aus, alle zwei Tage eine Handvoll Kräuter unter das Futter zu mischen.

Kräutertees oder der Kombuchatee helfen ebenfalls bei chronischen Atemwegsbeschwerden. Sie dürfen nur im abgekühlten Zustand zum Trinken angeboten werden, die übriggebliebenen Kräuter des Teeaufgusses können unter die Kraftfutterration gemischt werden.

Sehr gute Erfolge konnten mit dem Heiltee Kombucha bei einem mittelschweren, chronischen Husten über mehrere Jahre hinweg erzielt werden. Dieser Tee ist in fertiger Form in Reformhäusern und Apotheken erhältlich, dort allerdings recht teuer, ein Liter kostet ca. 15,- DM.

Die eigene Herstellung ist daher anzuraten, da beim Pferd ein täglicher Bedarf von einem Liter Tee besteht, in geringerer Menge verabreicht erzielt er keine Wirkung.

Der Kombuchateepilz ist seit zweihundert Jahren in der Heilkunde bekannt, sein Ursprung liegt in Japan und China. Er besteht aus Hefen und Bakterien. In einer Nährlösung aus Teeaufguß und Zucker kann sich der Pilz bei der Vergärung des Zuckers zu Säure ernähren und wachsen. Nach der Reifezeit ist der Zucker aufgebraucht, das entstandene Teegetränk schmeckt fruchtig, säuerlich und enthält einen geringen Anteil an Kohlensäure. Neben den Wirkstoffen Glucon und Gluconsäure sind pro Milliliter Tee ca. zehn Millionen Hefen enthalten. Die vorhandenen rechtsdrehenden Milchsäuren erzeugen eine Entgiftung und Entschlackung des Körpers, einen schnelleren Abbau und die Ausscheidung von Schlackstoffen. Im Bereich der Lungen und Luftwege werden besonders positive Wirkungen in bezug auf die Schleimabsonderung mit dem Kombuchatee erzielt.

All diese Mittel zur Linderung chronischer Atembeschwerden sind recht arbeits- und zeitaufwendig, aber für das kranke Pferd sehr wohltuend. Sie sollten daher unbedingt bei der Pflege und Fütterung berücksichtigt werden, wenn chronische Erkrankungen vorliegen. Gnadenhöfe, die zu ihren üblichen Leistungen im Bedarfsfall ein regelmäßiges Inhalieren anbieten, zeigen die richtige Einstellung zur Betreuung von alten oder nicht mehr gerittenen Pferden.

DER TOD

Irgendwann kommt der Tag, an dem die beste und verantwortungsbewußteste Pflege nicht mehr ausreicht, um dem geliebten Pferdepartner sein Leben noch lebenswert zu gestalten.

Irgendwann kommt der Tag, wo die Alters- und Krankheitsbeschwerden zu stark werden und unerträgliche Schmerzen verursachen. Das Leben wird mühevoll, beschwerlich und letztendlich zur Qual.

Und dann kommt der Tag im Leben eines Pferdes, an dem der Besitzer es von diesen Leiden erlösen wird.

Es ergibt sich nicht oft, daß ein Pferd friedlich an Herzversagen stirbt, so daß keine Entscheidung für das Einschläfern oder Schlachten getroffen werden muß. Aber meist sind es Krankheit oder Altersschwäche, die einen vorzeitig bestimmten Tod als Erlösung bringen. Solange das Pferd einigermaßen gesund ist, wird der Gedanke an einen bevorstehenden Tod gerne beiseite geschoben.

Tritt aber plötzlich eine Situation auf, wo eine sofortige Tötung vollzogen werden muß (z. B. schwerer Kreislaufkollaps, Kolik oder Knochenbruch), ist eine rechtzeitige Klärung der Fragen zur Todesart für alle Beteiligten wichtig. Dazu gehören u. a. die Auswahl des Tierarztes beim Einschläfern oder die Frage, welcher Metzger bei einer Schlachtung geholt werden soll. Je definitiver diese Fragen beizeiten erörtert

wurden, desto leichter wird es für Pferd und Besitzer im Fall des Falles werden.

So schwer es auch sein mag: Der Besitzer sollte über den bevorstehenden Abschied von seinem geliebten Pferdepartner nicht traurig sein, sondern die Freude über die vielen gemeinsamen glücklichen Jahre bewahren, die er mit seinem Pferd verbracht hat.

Jetzt bleibt ihm ein letzter Freundschaftsbeweis: das Pferd von seinen Leiden zu erlösen, ihm Schmerzen und Unwohlsein zu ersparen. Je gefaßter der Besitzer in der letzten Stunde seinem Pferd gegenübertritt, desto weniger wird das Pferd durch den bevorstehenden Tod unruhig, und um so leichter wird es von beiden Seiten verkraftet. Das Pferd hat kein Empfinden für den bevorstehenden Tod oder die Zukunft und „weiß" daher nicht, was mit ihm passieren wird.

Ist der Besitzer emotional nicht in der Lage, die Fassung zu bewahren, sollte er in diesem Zustand dem Pferd nicht mehr gegenübertreten.

Auf beiden Seiten wird der Abschied so nur zusätzlich erschwert. Das heißt aber keinesfalls, das Pferd abzuschieben und fremden Menschen zum Schlachten mitzugeben. Ein guter Freund des Pferdebesitzers sollte bereit sein, bis zum Tod des Pferdes dabeizubleiben und sich von der ordnungsgemäßen Tötung zu überzeugen. Gibt man ein Pferd lebendig einem Schlachter mit, besteht die Gefahr, daß es auf einem dieser entsetzlich qualvollen Schlachttransporte in den Süden weiterverkauft wird.

Wann ist der richtige Zeitpunkt gekommen?

Die schwierige Entscheidung, wann ein Pferd getötet werden sollte, muß der Besitzer zusammen mit dem ihm vertrauten Tierarzt fällen. Der Arzt wird von seiner fachlichen Seite her erkennen, ab welchem Zeitpunkt die Schmerzen aufgrund einer unheilbaren Krankheit, Verletzungen oder Alterserscheinungen dem Pferd nicht mehr zugemutet werden dürfen. Er wird objektiv die Entscheidung über Leben oder Tod fällen. Der Besitzer wird seine Wahl hauptsächlich nach emotionalem Ermessen treffen, denn er wird herausfinden, inwieweit die Schmerzen das Wesen seines Pferdes verändert haben und wie stark sein weiteres Leben dadurch beeinträchtigt wird:

· Kann es mit den Artgenossen noch auf der Weide mitlaufen?
· Kann es sein Heu und Kraftfutter noch mühelos fressen?
· Hat es noch Appetit und Freude am Fressen?
· Freut es sich noch über die Schmuse- und Streicheleinheiten seines vertrauten Menschen, oder nimmt es diese gleichgültig entgegen?

Am Verhalten kann der Mensch gut erkennen, ob sich sein vierbeiniger Partner noch wohlfühlt oder ob ihm alles zuviel und zu umständlich wird und er lieber seine Ruhe vor diesen Dingen (Weide, Futter, Mensch) haben will. Und diese Ruhe für immer ist es, die der Mensch ihm als letzten Liebesbeweis zuteil werden lassen kann. Aber es gibt auch die falsch verstandene Pferdeliebe, nämlich dann, wenn der Besitzer sich von seinem Pferd aus Egoismus nicht trennen kann. Diese Pferde müssen weiterleben, trotz großer Schmerzen und ohne Aussicht auf Heilung oder Besserung ihres Zustandes. Dies ist unfair dem Geschöpf Pferd gegenüber, das dem Willen der Menschen in allen Bereichen, auch dem Tod, unterliegt.

Schlachten oder einschläfern?

Grundsätzlich sollte sich der Besitzer eines Pferdes schon beizeiten Gedanken darüber machen, auf welche Art und Weise der Tod seines Pferdes vollzogen werden soll. Es gibt zwei Tötungsarten:
· Tod durch Einschläfern
· Tod durch Erschießen mit einem Bolzenschußgerät

Der finanzielle Aspekt darf in keinster Weise eine Rolle spielen, nur das Wohlergehen des Pferdes muß bei dieser Angelegenheit an erster Stelle stehen. Das Einschläfern kostet je nach tierärztlicher Absprache ca. 200,- DM, die anschließende Abholung durch die Tierverwertung ist kostenfrei. Gibt man ein Pferd zum Schlachter, erhält man einen Schlachtpreis, der in der Regel zwischen 1,- bis 2,- DM pro Kilo Pferdegewicht liegt, wobei der Marktwert von alten Pferden wesentlich geringer ist.

Das Einschläfern ist nicht immer als die einfachste und mildeste Tötungsart in Betracht zu ziehen. Der Vorgang erfolgt in zwei Schritten und kann sich bis zu einer Dreiviertelstunde hinziehen, wenn sich das Setzen der Spritze als schwierig erweist und dem Tierarzt die Routine fehlt. Es kann passieren, daß das Pferd immer wieder versucht aufzustehen und dabei hinschlägt. Dies ist kein schöner Anblick für den Besitzer und für das Pferd eine qualvolle Situation, da es durch seine Hilflosigkeit in Panik gerät.

Wird ein Pferd eingeschläfert, bekommt es mit normaler Injektionsnadel zuerst eine Beruhigungsspritze. Das Pferd weiß zwar nicht, daß es getötet werden soll, aber es ahnt durch die Stimmung des ihm vertrauten Menschen, daß „irgend etwas" anders ist als sonst und reagiert entsprechend unruhig, was das Setzen einer intravenösen Spritze erschwert. Das eigentliche Einschläferungsmittel wird ebenfalls intravenös mit einer größeren Kanüle verabreicht. Es handelt sich um ein überdosiertes Narkosemittel (Barbiturate), das einen Herz- und Atemstillstand und vollständige Muskelerschlaffung erzeugt. Hierbei ist es von entscheidender Wichtigkeit, daß das Mittel in kürzester Zeit und ohne Unterbrechung injiziert wird. Wehrt sich das Pferd und reißt die Kanüle aus der Vene, kann ein erneutes Ansetzen der Kanüle unter diesen Umständen sehr problematisch werden, in solchen Fällen ist die Verwendung einer Nasenbremse zu empfehlen und die Kanüle mit einigen Stichen festzunähen.

Nach ca. 10 bis 15 Sekunden fällt das Pferd um, wobei auch der Kopf recht unsanft auf den Boden knallt. Zu diesem Zeitpunkt ist aber der Hirntod bereits eingetreten, was Hirnstrommessungen bewiesen haben. Das bedeutet, daß keine Schmerzen mehr empfunden werden können und das Bewußtsein mit dem Niedergehen erlischt.

Für das Einschläfern ist nur ein erfahrener und routinierter Tierarzt zu empfehlen, der bei Problemfällen die Ruhe bewahrt, souverän arbeitet und den Ablauf des Einschläferns dem Besitzer vorher genau und ausführlich erklärt. Zwischen Tierarzt und Pferdebesitzer sollte ein gutes Vertrauensverhältnis bestehen.

Beim Einschläfern im heimatlichen Stall ist eine zeitliche Terminvereinbarung zwischen Tierarzt und der Tierkörperbeseitigungsanstalt wichtig, um ein unnötiges Herumliegen des toten Tieres zu vermeiden. Besonders in der heißen Sommerzeit kann dies zu unangenehmen Problemen führen. Beim Töten des Pferdes ist darauf zu achten, daß das Pferd an einem für Trecker oder Lkw gut erreichbaren Platz abgelegt wird. Niemals darf das Töten in der Box erfolgen, da es kaum möglich ist, das tote Tier durch die enge Boxentür zu ziehen. Je einfacher und unproblematischer der Vorgang des Tötens abläuft, desto leichter kann es der Pferdebesitzer verkraften. Die Abholung des toten Tierkörpers ist kostenfrei, eine Anschrift hält der Tierarzt bereit.

Das Schlachten mit anschließender Fleischverwertung kann grundsätzlich nur mit Pferden geschehen, die in den letzten Tagen vor dem Tod keine Medikamente bekommen haben. Wurde das Pferd schon eine Zeitlang vorher mit schmerzstillenden oder anderen Arzneien versorgt, fällt eine Schlachtung zur Fleischverwertung aus, ausgenommen sind homöopathische Mittel. Das Schlachten wird in einem Schlachthof oder in einer kleineren, privaten Metzgerei vorgenommen, wo entsprechende Gerätschaften und Personal zur Verfügung stehen. Das Pferd muß physisch wie psychisch in der Lage sein, einen Transport im Pferdehänger zu bewältigen. Ist es bereits zu schwach, oder würde der Transport eine zu große Aufregung verursachen, ist von einer Fahrt zum Schlachthof abzuraten. Jedoch ist selten ein Metzger bereit, das Schlachten eines Pferdes im heimatlichen Reitstall durchzuführen.

In jedem Fall muß der Besitzer, oder ein ihm vertrauter Mensch, bis zum Tod bei dem Pferd bleiben, nur so ist gewährleistet, daß das Pferd nicht lebend auf einen Schlachttransport gelangt. Die Fahrt zum Schlachthof ist gut vorzubereiten.

Ein fester Termin sollte vereinbart werden, um eine unnötig belastende Wartezeit zu vermeiden.

Langes Warten kann dem Pferd so zusetzen, daß es beim Anlegen des Bolzenschußgerätes nicht ruhig stehenbleibt und ein zielsicheres Treffen nicht gewährleistet ist.

Die Wirkung des Bolzenschußgerätes liegt in der sofortigen Zerstörung des Großhirns. Das Pferd kann keinen Schmerz mehr empfinden, ist aber klinisch gesehen noch nicht tot. Der Herzschlag dauert noch 10 bis 15 Minuten an, und Muskelreflexe sind zu erwarten. Der Tod tritt erst dann ein, wenn die Halsschlagader durchtrennt ist und die noch funktionsfähige Herzpumpe das Blut aus dem Körper gepumpt hat. Die dabei auftretenden Muskelzuckungen sind reine Reflexe, die auch beim Einschläfern vorkommen, und keine bewußt ausgeführten Bewegungen des Pferdes. Die Tötung durch den Schlachter sieht keineswegs schön aus, kann aber für das Pferd der schnellere und leichtere Weg sein.

Egal für welche Art der Tötung sich der Besitzer entschließt, ob für Einschläfern oder Schlachten, wichtig ist, daß es für den geliebten Partner Pferd so problemlos, schnell und streßfrei wie nur möglich geschieht.

EPILOG

Nun wird sich vielleicht so mancher Pferdebesitzer fragen: „Wozu das alles?" Wenn ein Pferd nicht mehr zum Reiten zu gebrauchen ist oder seine Leistungsfähigkeit durch altersbedingte Beschwerden enorm eingeschränkt ist, warum die hohen Kosten für so wenig Nutzen ausgeben?

Ganz einfach!

Mit dem Kauf eines „nutzbaren" Pferdes hat der Mensch eine lebenslange Verantwortung über ein Pferdeleben übernommen; egal ob Nutzen oder nicht! Es geht hier um ein Lebewesen, das auf Gedeih und Verderb auf die Pflege und Fürsorge des Menschen angewiesen ist. Und diese freiwillig übernommene Fürsorge erstreckt sich nicht nur auf die sonnigen Seiten des Lebens, sie muß genauso an den schattigen Tagen ausgeübt werden.

Und wer es nicht selber erlebt hat, kann gar nicht wissen, wieviel Spaß und Freude die Beschäftigung „neben" dem Pferd machen kann, denn der Kontakt und die Verbindung wird noch enger und intensiver werden. Anhänglichkeit, Zuneigung und Dankbarkeit des Pferdes sind der schönste Lohn für diese verantwortungsbewußte Pflege seitens des Besitzers.

Ein unreitbares Pferd trotzdem zu behalten, zeigt Stärke und ein hohes Maß an Verantwortung und die richtige Liebe zum Pferd.

Ein alt werdendes Pferd seinen Bedürfnissen entsprechend zu hegen

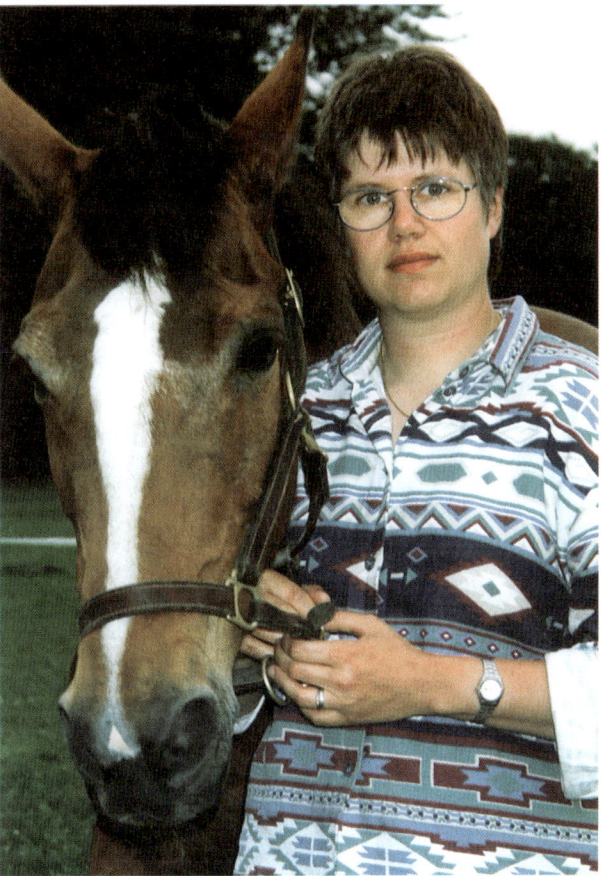

und zu pflegen und ihm dadurch ein hohes Alter zu ermöglichen, macht den Pferdebesitzer stolz. Hat er doch dadurch bewiesen, wie vielfältig sein Wissen auch um „nicht mehr nutzbare" Pferde ist. Er hat großes Selbstbewußtsein bewiesen, wenn er neben seinen reitenden Kameraden sein unreitbares Pferd zu Fuß auf dem Ausritt begleitet.

Ein Pferd zu besitzen heißt erst in zweiter Linie reiten zu können, in erster Linie aber bedeutet es verantwortungsbewußtes Halten, Pflegen und Beschäftigen; egal ob reitbar, unreitbar oder alt!

Danke Carina, für die wunderschöne Zeit mit dir.
Foto: Heike Groß

REGISTER